서울대 엄마들의
비밀 입시 토크

일러두기

이 책은 '입시 읽어 주는 엄마'의 서울대 국문과 엄마 이춘희, 서울대 공대 엄마 정선임, 서울대 의대 엄마 최주화 세 저자의 입시 경험과 조언을 독자에게 친근하게 전달하기 위해 한 사람이 말하는 듯 편집했습니다.

대치동에서도 절대 알려 주지 않는
대한민국 최상위 입시 절대 공식

서울대 엄마들의 비밀 입시 토크

입시 읽어 주는 엄마 지음

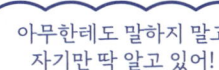
아무한테도 말하지 말고
자기만 딱 알고 있어!

카시오페아
Cassiopeia

프롤로그

결국 끝까지 잘하는 아이들의 비밀

아이를 대학에 보내는 일은 인생에서 가장 큰 산을 넘는 일에 비유할 수 있습니다. 무리를 하더라도 학군지에 들어가려고 하는 것이나 사교육비를 감당하기 위해 허리띠를 졸라매는 것 모두 아이가 원하는 대학에 들어가서 원하는 일을 했으면 하는 마음에서 부모가 기꺼이 감당하는 일이죠. 엄마의 바람대로 아이가 공부를 잘하기만 해도 큰 효도라고 할 수 있어요. 초중고 입시라는 극한 과정을 거치고 있는 엄마 입장에서는 입시를 성공적으로 치른 엄마들이 정말 대단해 보일 거예요. 그런가 하면 입시를 마친 엄마들은 아이와 함께 울고 웃었던 지난날이 아련하면서도 후회될 때가 있어요.

이 책에는 자녀를 서울대 인문대, 공대, 의대에 보낸 엄마 세 명이 입시를 거치면서 울고 웃었던 경험이 고스란히 녹아 있습니다. 자녀를 서울대에 보내기까지 어떤 마음으로 아이가 공부하는 걸 지켜보았으며 방황할 때는 어떻게 이끌어 주었을까요? 이제 막 입시에 뛰어드는 엄마들이 이 책을 읽고 입시에 대한 정보를 얻는 건 물론이고, 때로 힘들고 막막한 순간에 위로와 공감도 얻으실 수 있기를 바라는 마음입니다.

아이의 타고난 기질과 성향에 따라 공부의 속도와 방향은 달라집니다. 엄마가 너무 앞서 나가면 안 되는 아이도 있고, 엄마가 앞서서 이끌어 줘야 하는 아이도 있거든요. 공부를 하고 싶은 마음이 생길 때까지 기다려 줘야 하는 아이도 있어요. 책 속에 등장하는 서울대생 세 명은 인문대, 공대, 의대의 차이만큼이나 서로 기질과 성향이 다르고 잘하는 과목도, 좋아하는 분야도 달라요. 심지어 사교육을 얼마나 받았는지도 큰 차이가 있습니다.

그럼에도 불구하고 세 엄마는 아이가 공부에 흥미를 갖게 했고 학년이 올라갈수록 실력이 점점 더 향상하도록 이끌었어요. 특히 공부에 몰두해야 할 고등학교 때 지치지 않고 실력을 발휘할 수 있는 토양을 초중등 시기에 만들었다는 게 중요한 공통점이죠.

최고 대학이라는 서울대에 들어갔지만 세 명 모두 '타고난 천재'는 아닙니다. 평범한 초중등 시기를 보냈고, 성적 때문에 울고 웃기도 했거든요. 사교육으로 끝을 본 엄마도 있지만 사교육을 제대로 받을 수 없는 환경에서 공부를 시킨 엄마도 있어요. 수학 학원 입반 테스트를 본 결과, 꼴찌 반에서 시작한 아이도 있습니다. 입시를 앞둔 엄마라면 누구나 공감할 조급함에 아이를 힘들게 하기도 했고 그런 시행착오를 뼈저리게 후회한 경험도 물론 있어요.

입시에 꽃길은 없어요. 그럼에도 결국 끝까지 잘하는 아이의 비밀은 초중등 시기를 어떻게 보냈는지에 숨어 있습니다. 세 아이 모두 중학교 때 자신이 무엇을 하고 싶은지 확고히 정했고, 입시라는 큰 그림을 바탕으로 기본기를 탄탄하게 다졌어요. 솔직히 이 과정 없이 고등학교 때 상위권이 되는 것은 불가능해요.

중학교 3학년까지는 해야 하는 공부 과정과 공부량이 정해져 있습니다. 자연 계열과 인문 계열 학생의 진로도 이때는 큰 틀에서 결정해야 합니다. 사춘기의 정점에 있는 중학교 시기는 입시의 관점으로 봤을 때 정말 금쪽같은 시간입니다. 막대한 양의 공부를 해야 하지만 정체성의 혼란도 겪죠. 서울대 엄마들은 이 시기를 어떻게 헤쳐 나갔을까요?

세 명의 엄마가 들려주는 자녀의 공부 이야기가 각별히 의미 있는 것은 각각 다른 학교에서 서울대에 진학했기 때문입니다. 평범한 일반고, 상위권이 두터운 소위 '갓반고', 전국 자사고 등 여러 유형의 학교에서 서울대에 진학한 사례를 통해 고등학교 유형별 입시를 비교할 수 있는 것도 이 책을 읽는 또 하나의 재미입니다.

아이의 성장 과정에서 엄마의 역할은 절대적입니다. 내 아이가 소중한 만큼 기대도 크기 마련이죠. 입시를 치르며 엄마와 아이의 관계가 어긋나는 경우도 많고요. 적어도 아이가 입시를 끝내기까지는 엄마가 '을'로 사는 것이 현명하다고 생각합니다. 촌각을 다투는 고등학교 공부와 치열한 입시 경쟁에 아이들은 힘들고 지칩니다. 엄마의 과도한 관심과 기대도 한몫하죠. 그걸 가장 잘 이해하는 게 엄마니까, 유리그릇 다루는 마음으로 아이를 지켜보되 질그릇처럼 대하는 지혜가 필요합니다.

입시라는 한 번도 가보지 않은 길을 앞둔 엄마들께 《서울대 엄마들의 비밀 입시 토크》가 아이를 먼저 대학에 보낸 옆집 언니가 들려주는 잔소리 혹은 조언처럼 느껴지길 바랍니다.

차례

| 프롤로그 |

결국 끝까지 잘하는 아이들의 비밀

4

1장 사교육이라고 무작정 보내기만 하면 끝이 아닙니다

학원 플래카드에 걸린 입시 결과, 어디까지 믿을 수 있나 … 15

7세 고시, 영재 발굴일까, 공부 정서 박살내는 최악의 결정일까 … 20

학원 레벨 테스트 맹신하면 아이 입시 완전히 망가지는 이유 … 26

지독하게 세분화된 수업, 서울대 엄마의 초중고 12년 사교육비는 얼마? … 31

내신 대비 학원부터 대형 수업, 팀 수업까지, 서울대 엄마의 학원 활용 공통점 … 36

서울대 엄마의 학원 옮길 결심, 아이 학원 바꿔야 할 절대 놓치면 안 되는 징조 … 42

'자물쇠 반'까지 하면서 공부를 시켜야 할까? 서울대 엄마의 소신 … 48

2장 억지로 안 시켜도 알아서 잘하게 만드는 서울대 동기 부여

평준화 일반고에서 서울대 39명? 미친 동기 부여 '낙생고'	57
서울대생이라고 다를 것 같아요? '이것' 관리 못 하면 성적 폭망	63
최소 중3까지 혼공력 못 만들면 답 없습니다	68
여행 갈 거 다 가면 공부는 언제? 서울대생의 여름방학 학습 루틴	72
한 달에 최소 300만 원, 윈터 스쿨은 비싸기만 한 시간 낭비?	77
입시 끝나면 비로소 눈에 들어오는 '해 줄걸' 리스트	83

3장 독서 지도만 잘해도 서울대 보낼 수 있는데 왜 안 하세요?

억지로라도 읽히면 장땡? 아이 국어 정서 망가뜨리지 않는 방법	93
국어, 엄마가 이렇게 안 하면 집 열 채를 팔아도 성적 안 오른다	99
고등학교 국어 성적을 결정하는 가장 중요한 시기는?	107
서울대생도 고난도 킬러 문항 잡으려고 '이것'까지 했다	114
독서 지도 없이도 어휘력 올리는 지름길?	121
고등학교부터는 결국 '글빨', '말빨' 싸움이다	126

4장 목표 설정, 입시 전략, 교육 과정까지, 엄마가 안 하면 누가 해요?

일반고로 몰리는 의대생? 내 아이에게 딱 맞는 고등학교 고르는 법	135
'그렇게 똑똑하던 애가……', 영재고 커리큘럼 타려다가 낙오되는 영재들	142
학군지 안 가면 입시는 포기? 서울대 엄마들의 선택은	146
내 새끼 내가 제일 잘 안다? 엄마라서 모를 수도 있다	151
외대부고에서 서울대 공대까지 직진, 초중고 수학 빌드업 (1)	155
외대부고에서 서울대 공대까지 직진, 초중고 수학 빌드업 (2)	160
목표도 공부법도, 차원이 다른 1등급 완성 서울대 초중고 영어 로드맵	166

5장 엄마 컨설팅 없이는 돈 부어도 성적 절대 안 오릅니다

대학 보내고 남 되실 건가요? 대학 잘 보내 놓고 후회하지 않는 법	175
아이 유치원~초등 때 '이것' 안 해 주면 평생 아쉽고 미안하다	178
엄마가 직접 하면 최소 수백만 원 아낄 수 있는 내 아이 입시 컨설팅	183
학종 포기한 아이? 엄마라도 플랜 B가 있어야 한다	188
서울대 문과 vs 이과, 성향은 타고나는 걸까, 엄마가 만들 수 있는 걸까?	193
학부모 총회 꼭 가야 하나요? 부모 모임에서 절대 하면 안 되는 세 가지	197
인간관계 난이도 끝판왕, 엄마들 모임 잘 활용하면 이만한 게 없다	201

| 에필로그 |

내 새끼 입시 챙길 사람은 나밖에 없다

206

| 부록 Q&A |

엄마들이 가장 많이 하는 질문에 대한 서울대 엄마들의 명쾌한 답변

211

1장

사교육이라고
무작정 보내기만 하면
끝이 아닙니다

학원 플래카드에 걸린 입시 결과, 어디까지 믿을 수 있나

'하루 수강', '상담 1회'가 입시 실적으로 둔갑?

요즘 학원들, 경쟁이라도 하는 것처럼 입시 실적 플래카드를 휘황찬란하고 거대하게 제작해서 내걸죠. 처음에 잘 모를 땐 저도 거기 적힌 것만 믿고 학원에 보내곤 했어요. 외대부고, 민사고 척척 보냈다고 적혀 있는데 '아, 이 학원에 보내야 하나 보다' 하고 믿지 않는 게 더 어려웠죠. 그런데 아이 키우면서, 또 교육 전문 기자로 지내면서 쭉 살펴보니까 그 실적이 과연 정직한 수치라고 할 수 있는지 의문이 생기더라고요. 플래카드에 적힌 실적이 학원의 성과랑 관계가 없을 수도 있다는 걸 알게 되었거든요.

알고 보니 그 학원에 딱 하루 다니고 관둔 학생이 민사고에 합격하면 그걸 '민사고 합격생 배출'로 둔갑시키더라고요. 심지어 어떤 학생은 상담만 받았을 뿐인데도 나중에 그 학생이 잘되니 그게 자기들 덕인 양 적어 놓은 학원을 본 적도 있어요. 저도 있는 줄도 몰랐던 학원에 제 아이 이름이 올라가 있는 걸 지인이 알려 줘서 내려 달라고 말한 적이 있어요.

좀 더 교묘한 곳은 '이*희'처럼 이름 중간 부분만 가려서 적는 식으로 법에 저촉되지 않게 하고, 반대로 과감한 곳은 사진까지 그대로 가져다 쓰기도 합니다. 이런 건 단순한 과장 광고를 훌쩍 넘어선 일이고 정보 왜곡이라고 해야겠죠. 정작 본인에겐 허락도 받지 않고 학생의 얼굴과 실명을 떡 하니 기재한다는 게 정말 믿기지가 않더라고요.

'합격자 공유', '실적 재탕'
한 명 실적 여러 학원이 나눠 쓰는 현실

학원의 실적 부풀리기가 그게 전부일까요? 더한 것도 많습니다.

예를 들어 과거에 합격한 학생을 올해에 합격한 것처럼 속여서 기재하는 일이 비일비재해요. 프랜차이즈 학원은 전국 종합 실적을 각 지점의 실적인 것처럼 속이기도 하고요. 외대부고 입학 정원이 350명인데 특정 학원 지점에서 30명을 보냈다고 플래카드를 걸면 부모들은 그걸 보고 '와 저 학원 대단하네'라고 생각하지 않을까요? 하지만 그게 실은 전국 종합 실적이고, 정작 그 지점에서는 한 명도 못 보냈다고 하면 부모들이 그 학원에 아이를 보내려고 할까요? 그럴 리가 없겠죠.

입시 결과가 좋았던 학생 하나를 두고 여러 학원이 "얘는 우리 수학 강의 덕분이다.", "아니다. 얘는 우리 국어 학원을 다녀서 합격한 거다." 하고 둘 다 자기 실적으로 기재하는 일도 허다합니다. 어느 학원이 합격에 영향을 준 건지 구분할 수도 없고, 결국 그 학생의 노력은 간과된 채 학원 간 '실적 전쟁'만 남는 셈이죠.

교육 성과가 아니라
홍보를 위한 홍보에 불과하다

가끔은 아예 돈을 주고 이름을 붙이기도 합니다. 학원 쪽에서 먼저 연락이 와서 이름을 써도 되냐고 묻기도 해요. 문제의 본질은 이

거죠. 학원이 질 좋은 교육과 성과로 홍보를 진행하는 게 아니라 홍보를 위한 홍보만 반복하는 거예요. 제가 기자로 일할 때 얘긴데, 어떤 유명 학원 원장님이 기사 제목에 '원생 1,000명'을 꼭 강조해 달라고 요청하시더라고요. 저는 "그 숫자 보면 오히려 엄마들이 불안해할 것 같아요."라고 말씀드렸는데 그래도 그렇게 진행해 달라고 하셨어요. 그분은 부모들 불안보다 그 숫자를 어필하고 보여 주는 게 중요했던 겁니다. 알고 보니까 프랜차이즈 확장을 준비 중이었어요. 숫자가 곧 브랜드 자산이었던 거죠.

결국 실적이든 원생 수든 더는 교육 품질을 보장해 주지 않고, 그저 학원 경영 전략의 일부가 되어 버린 셈입니다. 교육 성과란 말 뒤에 숨은 마케팅을 눈치껏 알아채지 못하면 손해를 보게 된 거예요. 학부모로서는 그 진위를 일일이 다 따지기도 어렵고 결국 불안한 마음에 실적 좋다는 곳을 선택하게 되는데 나중에 돌아보면 그게 진짜 우리 아이에게 좋은 결정이었는지 의문이 들 수밖에 없어요.

실적보다 중요한 건
커리큘럼을 파악하는 눈

그러니 실적은 참고 사항으로만 활용하셔야 합니다. 입시는 불안과의 싸움입니다. 어느 학원 실적이 좋다고 하면 나도 모르게 혹하곤 합니다. 그런데 상담 한 번 받은 게 전부인 학생을 실적에 포함하고, 이름이나 사진을 무단으로 갖다 쓰는 일도 있고, 옛날 실적 재탕하고, 다른 지점 실적까지 포함해서 부풀리고, 이 모든 걸 알고 나면 엄마 입장에선 그냥 씁쓸해져요. 그래서 저는 학원에서 중요한 건 실적이나 브랜드가 아니라고 생각해요. 결국 제일 중요한 건 학원에서 제공하는 커리큘럼이 어떤지, 학원이 학생에게 어떻게 접근하는지, 딱 두 가지입니다. 엄마들도 학원 커리큘럼이 어떤 수준인지, 내 아이에게 적절한지 판단할 수 있을 정도로 교육 정보에 눈이 밝아야만 실적에 속는 일이 없어요. 그리고 모든 학생에게 똑같은 교육을 제공하는 학원은 학원이 아니라 수업 공장이죠. 각각 학생에게 얼마나 맞춤형으로 접근하는지도 꼼꼼히 따지셔야 합니다.

 두 가지를 따지라는 말은 이렇게 다시 말할 수 있어요. '우리 아이가 거기서 무엇을, 어떻게 배우는지가 핵심이다' 실적과 숫자를 믿지 마세요. 우리가 진짜로 궁금해하는 건 '그 학원에서 명문대 몇 명 보냈냐'가 아니라 '우리 아이도 거기서 잘 배워서 명문대 갈 수 있겠냐'잖아요. 학부모로서 스스로 공부하고 익힌 교육 정보, 그 정보를 근거로 세운 나의 판단을 믿으세요.

7세 고시, 영재 발굴일까, 공부 정서 박살내는 최악의 결정일까

이름은 7세 고시, 실제로는 5~6세 아이들까지

'7세 고시'라는 말, 이제 낯설지도 않으시죠. 예전에는 엄마들 사이에서 암암리에 돌던 말인데, 이제는 모르는 사람이 거의 없는 말이 되었습니다. '7세 고시'는 대치동 유명 학원들의 입학 테스트가 고시만큼 어렵다고 해서 붙은 이름인데, 문제는 이름에서도 드러나듯 '7세 어린이'를 대상으로 한 테스트라는 거죠. 그런 학원에 엄마들이 몰리는 이유는 간단해요. 거기를 들어가면 서울대, 의대 합격

확률이 올라간다는 소문이 무성하거든요.

실제로 그 학원에서 풀게 한다는 테스트 문제를 서울대생에게 보여 줬더니 난도가 너무 높아 놀랄 정도라고 해요. 그 문제를 초등학교도 안 들어간 아이들이 풀고 있다는 거죠. 그게 어떻게 가능할까요? 좀 알아봤더니 그런 학원에서는 선생님이 일대일로 붙어서 지도하면서 수학 시험 대비반 수업을 운영하는데, 제아무리 어려운 문제라고 할지라도 기계적이고 반복적인 연습을 통해서 끝끝내 풀게 만든다고 해요. 심지어 7세보다 더 어린 5~6세 아이들도 다니고 있다고 하더라고요.

그런데 이 학원에 다니는 아이의 부모는 과연 이런 방식의 학습이 효과적이라고 생각할까요? 교육과 입시를 잘 모르는 입장이라고 가정해도 '솔직히 저건 아니다'라는 생각이 들 텐데 말이에요. 사실 7세 고시에 전념하는 학부모들은 학원의 교육 방향에 동의하거나 그런 방식이 효과적이라고 믿는 게 아니라 '우리 아이는 서울대생도 어려워하는 테스트를 뚫고 이 학원에 다닐 정도로 특별한 아이다'라는 만족감에 취해 있는 경우가 많아요. 실질적인 학습 효과보다도 부모의 만족감이 더 중요한 거죠. 그러니 7세 고시의 학습 효과가 과연 정말로 신뢰할 만한지는 고려 대상이 아닌 거예요. 7세 고시가 유행한 지 4~5년밖에 지나지 않아 장기적인 학습 효과가 증명되지 않았기도 하고요.

반복 훈련과 주입식 학습이
영재 교육?

　사실 수학 7세 고시 이전에 영어 7세 고시 붐이 있었죠. 제가 예전에 근무했던 영어 학원에도 5~6세 고시반이 있었습니다. 당시엔 아이들을 영어에 많이 노출시키기만 하면 실력이 저절로 상승한다고 믿던 때라 유학, 어학 연수, 영어 유치원도 모자라 7세 고시반까지 만들었던 거죠.

　사실 앞서 봤다시피 서울대생이 어렵다고 공언한 문제라고 할지라도 끝없이 풀이를 반복하다 보면 결국 그 어려운 문제를 일곱 살 아이 혼자서도 풀긴 합니다. 아이가 착하고 성실하고 부모 말 잘 들으면 어려워도 그냥 참고 반복해서 외워요. 그런데 중요한 건 그게 '이해하고 쓰는 것'이 아니라 '그냥 외우고 내뱉는 것'이라는 겁니다. 사고력이 자랄 수가 없는 환경이죠.

　일곱 살은 한창 세상에 호기심과 신기함을 느낄 나이입니다. 그 나이대 아이들은 책과 놀이를 통해 세상을 이해하는 즐거움을 느껴야 해요. 그 과정에서 자연스럽게 감정과 정서가 형성되고요. 그런데 고시 준비를 시키는 건 정서를 완전히 깨 버리는 일입니다. 고시를 위한 문제 풀이 훈련은 독서와 놀이가 보장하는 인지 능력의 발달을 저해하는 건 물론이고 창의력이 자랄 수 있는 여백을 뺏는 일이에요. 지금의 7세 고시가 과연 사고력 평가라고 할 수 있을까요? 대부분 암기입니다. 속된 말로 '그냥 때려 넣는' 시험이죠.

게다가 아직 어릴 때는 그냥 부모가 시키는 대로 꾹꾹 참으면서 따른다 해도 만약 아이가 사춘기가 되었을 때 "나를 왜 그렇게까지 몰아붙였어?"라고 이를 갈며 묻는다면 부모가 무슨 변명을 할 수 있을까요?

서울대생 100명은 7세 고시의 효과에 동의할까?

어떤 분은 '그 정도는 해야 서울대 갈 수 있지 않을까?' 하는 조급함 때문에 아이를 고시반에 넣기도 합니다. 하지만 실제로 데이터를 보면 꼭 고시가 아니더라도, 수준에 맞지 않는 공부를 강요받은 아이들이 서울대에 간 사례는 많지 않아요. 오히려 자기 수준보다 조금 더 어려운 문제를 꾸준히 풀면서 계단식으로 실력을 쌓은 아이들이야말로 마지막까지 버텨 낼 여력과 체력을 길러서 그걸 바탕으로 성공하는 경우가 많고, 어릴 때 자기 수준을 아득하게 뛰어넘는 문제로 진을 다 빼 버린 아이들은 고등학교도 가기 전에 퍼지게 됩니다.

실제로 제가 서울대생 인터뷰만 100명 가까이 진행했는데, 그중 80%가 초등학교 때는 성적 면에서 두각을 나타내지 않았다고 하더라고요. 그렇다고 그때 놀기만 했다는 뜻은 아니고, 눈에 보이게 드러나지 않아도 추후 폭발적으로 성장할 수 있는 사고력과 창의력 같은 잠재력을 쌓았다고 합니다. 그런 경험을 한 학생들이 학교에도 입학하지 못한 아이에게 서울대생도 어렵다고 말하는 문제를 풀게 하는 걸 긍정적으로 여길까요? 절대 아니겠죠. 실제로 입시에서 요구하는 역량은 7세 고시가 강제하는 반복형 암기력이 아니에요. 암기를 요하는 과목조차도 오직 암기력만으로는 풀 수 없는 문제들이 출제되고 있습니다. 서울대생도 권하지 않는 시험을 서울대 보내기 위해서 시킨다는 건 어불성설이겠죠.

부모가 불안과
집단 심리를 이겨야 한다

이렇게 말씀드려도 여전히 아이를 고시반에 보내고 싶어 하는 부모님도 계시는데, 그런 분은 아까 말했듯 사실 아이의 성적이 중요한 게 아니라 본인이 학부모 그룹에서 소외되고 싶지 않다는 감정이 더 중요한 분입니다. 아이를 위한 선택이 아니라 부모 자신의 인정 욕구나 소속감 때문에 아이를 혹사하는 거예요. 이처럼 부모가 집단 심리에 휩쓸리거나 불안을 못 이겨서 아이를 괴롭히면 아이는 서울대에 가기는커녕 고등학교 문턱도 밟기 전에 공부 정서만 잔뜩 망가진 채로 부모를 원망하게 됩니다. 진부한 비유지만, 입시는 100m 달리기가 아니라 마라톤이에요. 12년간 뛰어야 하는 장기전인 걸 알면서도 초반에 스퍼트를 내서 격차를 벌리겠다고 확 달리는 건 어리석은 짓이에요. 초중반의 격차는 큰 의미가 없어요. 순위는 결국 후반부에 누가 결승선에 먼저 도착하냐에 달린 거니까요. 페이스를 유지해야 할 때 힘을 다 빼 놓고 힘껏 달려야 할 때 뒤처지면 어떡합니까? 아이가 초등학생일 때 길러 줘야 할 것은 길고 힘든 입시를 끝까지 견딜 수 있는 체력과 마음의 지구력입니다. 그러니 너무 조급하게 생각하지 마세요.

학원 레벨 테스트 맹신하면 아이 입시 완전히 망가지는 이유

테스트 점수는 '평소 실력'이 아니라 '그날의 결과'일 뿐이다

아이 손 잡고 학원 등록하러 갔다가 레벨 테스트 결과 확인하고 실망하신 경험, 한 번은 있으시죠? 하지만 저는 그런 사소한 일로 일희일비하시면 안 된다고 말씀드리고 싶어요. 레벨 테스트도 결국 '테스트'라는 걸 항상 기억하세요. 똑같은 시험이라도 칠 때마다 다른 결과가 나오는 게 당연합니다. 그런데 가끔 어떤 부모님들은 한 번의 테스트 결과가 아이의 미래 성적을 보여 준다고 믿으시는 것 같아요. 아이의 평소 실력을 겨우 학원의 레벨 테스트 하나로 진단하려 하지 마세요. 레벨 테스트는 그날의 컨디션, 학원에서 낸 문제의 난도, 테스트의 범위 등 운에 따라 점수가 크게 바뀌는 시험이라는 걸 기억하세요.

이렇게 말씀드려도 여전히 많은 분이 레벨 테스트 점수 하나로 아이의 전반적 가능성에 관해 판단을 내리곤 하죠. 점수가 안 나오면 "이 학원이랑 안 맞나 봐.", "애는 수학 머리가 없나?" 하고 낙인 찍듯 말하시곤 하는데 그렇게 시작된 판단이 아이 자존감까지 무너뜨릴 수 있어요.

부모가 흔들리면
아이의 자존감도 무너진다

예를 들어 이런 경우가 있어요. 한 엄마가 아이를 영재 교육 센터에 보냈는데 레벨 테스트를 쳤더니 수학 점수가 30점이 나와서 너무 충격을 받았다고 해요. 거기는 잘하는 아이들만 모인 곳이니까 자기도 모르게 그 분위기에 휩쓸려 남들 보는 앞에서 아이에게 잔뜩 화를 내 버리고 말았죠. 그 뒤로 그 아이가 어떻게 되었는지 아세요? 영재 교육 센터에 갈 정도로 똑똑한 아이가 "나는 수학 못

하는 애야." 이 말을 입에 달고 살았다고 합니다. 그날 이후 수학은 아이에게 극복 불가능한 벽이 된 거예요. 중요한 시기에 수학을 완전히 놓아 버리고 말았죠.

또 어떤 아이는 전국구 영어 토론 대회 우수 학생들과 한 조로 활동하면서 상대적으로 떨어지는 영어 실력 때문에 계속 비교당하니까 '나는 영어를 못하는 아이'라는 생각이 머릿속에 각인돼 버렸다고 해요. 그런데 과연 우수한 학생들이랑 한 조로 묶일 정도인 아이가 영어를 못하는 아이였을까요? 절대 그럴 리가 없죠.

이처럼 일시적인 상황에서의 상대적 평가가 아이의 정체성을 규정해 버릴 때, 그건 단순한 점수 이상의 상처가 됩니다. 아이를 단단히 받쳐 줘야 할 부모가 이리저리 흔들리는데 그 위에서 아이가 어떻게 뿌리를 내리고 잘 자랄 수 있겠어요? 자존감이 와르르 무너지지 않도록 부모부터 단단해져야 합니다.

엄마의 태도와 해석에 따라 바뀌는 아이의 입시 방향

하지만 점수가 낮은 걸 무조건 사랑으로 감싸 주라는 말은 아닙니다. 이게 아이의 평소 실력을 나타내는 지표가 아니라는 걸 정확히 인식했다면 점수가 낮다고 일희일비하지 말고 그 낮은 점수와 오답에 숨어 있는 아이의 가능성과 풀이의 흔적을 부모로서 섬세하게 읽어 줘야 합니다. '아, 내 아이가 이런 부분에서 특히 약하구나', '같은 유형인데도 이건 틀리고 이건 맞았는데 왜 이런 차이가 생긴 걸까?', '확실히 잡았다고 생각한 개념이 아직 불안정하니까 더 보강해 줘야겠다' 등 테스트를 최종적인 결과가 아니라 아이의 약점을 찾을 기회로 생각한다면 보이는 게 더 많아집니다.

어떤 엄마는 첫 테스트 점수가 애매하게 나오자 "죄송하지만 한 번 더 기회를 주시겠어요?"라고 말하고는 약간 시간 간격을 두고 테스트를 세 번이나 다시 보게 했다고 해요. 아이가 실수할 수도 있다는 걸 알기에 그걸 바로잡을 기회를 몇 번이고 요청한 거죠. 그렇게 엄마가 아이를 믿어 주면 아이가 자신감을 갖고 두려움 없이 도전하며 어려운 일이 닥쳐도 '할 수 있다' 정신을 갖게 되죠. 이번에 실수하더라도 다음이 있다는 걸 엄마가 알려 줬으니까요.

점수가 잘 나오는 게 더 위험할 수 있다

반대로 레벨 테스트에서 아이가 고득점을 받았다면 그게 오히려 자만심으로 이어질 수 있습니다. '난 재능이 있나 봐', '내가 이 학원에서 제일 잘해' 이런 생각을 하기 시작하면 아이는 노력하지 않고 자리를 지키려 하게 됩니다. 학습의 핵심이 뭘까요? 점수가 잘 나오는 건 기본이고 그보다 중요한 건 '자만해서 그 위치에 만족하지 않는 것'입니다. 테스트에서 한 번 고득점을 했다고 반드시 수능에서도 높은 점수를 받으리라는 보장이 있나요? 절대 아니죠. 그런데 한 번의 고득점을 자기 실력이라고 굳게 믿어 버리면 어떻게 될까요? 이 아이는 점수가 떨어져도 '원래 내 실력은 이렇지 않은데 이번엔 실수한 거야'라고 생각하고 노력하지 않게 됩니다. 그러니 한 번의 테스트로 너무 낙담하지도, 너무 우쭐하지도 않게 아이에게 테스트는 그야말로 테스트일 뿐이라는 걸 충분히 설명해 주셔야 합니다. 테스트 결과에 일희일비하지 않는 것이 아이의 자존감과 공부 정서를 지켜 입시를 성공으로 이끄는 길이라는 걸 꼭 기억하세요.

지독하게 세분화된 수업,
서울대 엄마의 초중고 12년 사교육비는 얼마?

감당 안 되는 사교육비,
엄마는 주 7일 근무

다들 애들 학원비 낼 때 되면 한숨부터 푹푹 쉬게 되죠? 아이를 서울대 공대에 보낸 저도 마찬가지였습니다. 아이들 사교육비를 감당하려면 엄마가 진짜 열심히 살아야 해요. 저는 아이가 어렸을 때부터 하루도 안 쉬고 주 7일 꼬박 일했어요. 제가 직접 가르칠 수 있는 건 최대한 집에서 가르치려고 노력하되 악기, 미술, 서예, 바둑, 수영처럼 제가 가르칠 수 없는 건 사교육에 의지했어요. 초등학교 시절에는 비교적 저렴한 백화점 문화 센터 프로그램을 많이 활용했는데도 한 달에 200만 원은 우습게 나갔죠. 제일 많을 땐 프로그램을 15개까지 등록했던 것 같아요.

그렇게 시키려다 보니 아이 교육비 벌자고 제 시간, 제 에너지를 전부 쥐어짜야 했죠. 아무리 내 새끼 좋은 교육 시키자고 하는 일이라지만 주말도 반납하고 주 7일 내내 일하는 건 정말 고된 일입니다. 하지만 어떤 일을 해서 교육비를 감당할지 고민하고, 재택으로도 할 수 있는 일을 알아보는 등 치열하게 살다 보니 엄마로서는 물론 인간으로서도 성장했다는 느낌이 들더라고요. 또 생각지 못하게 공부가 되는 부분도 많았어요. 이렇게 엄마가 고생하고 노력하는 걸 아이도 알고 있으니까 선뜻 '귀찮아', '안 할래' 소리를 못 꺼내게 된다는 부수입도 있었죠.

한 푼이라도 아끼려면
'팀모'를 자처해라

중학교부터는 학습에 더 주안점을 뒀어요. 본격적으로 공부에 더 집중하기 시작한 시기죠. 국영수에 더해 과탐, 경제 등 경시대회를 다양하게 준비했어요. 체력 보강은 필수죠. 이때 안 길러 놓으면 고등학교 때 고생하리란 걸 알았으니까요. 그러려니까 운동도 시켜야 하지, 경시대회 준비는 단가도 높고 자잘하게 해야 할 일도 많지, 이때 교육비가 정말 많이 들었어요. 월평균 300~500만 원 정도 들었죠. 아무리 제가 주 7일 내내 일한다 해도 수입이 한정되어 있다 보니 고민에 고민을 거듭하게 되더라고요. 저는 그때부터 옷 한 벌 안 사 입을 정도로 절약하면서 학원비를 벌충했어요.

거기다 아이가 외대부고에 진학하고 나서는 정말 난리도 아니었어요. 거긴 죄다 대치동 아이들이라 공부를 이미 엄청 한 상태로 올라오거든요? 우리 애도 거기서 버티려면 공부 강도를 그 이상으로 끌어올려야 하는 거예요. 그래서 영역별로 학습을 더 잘게 세분화했죠. 이걸 엄마 혼자서 다 관리하기는 정말 어렵거든요? 비용도 한두 푼 드는 게 아닙니다. 그래서 저는 그 비용을 조금이라도 더 아껴 보려고 정말 발 벗고 나서서 일을 자처했어요. 엄마들끼리 모여서 팀을 짜고는 제가 주도적으로 아이들을 관리하는 역할을 맡겠다고 했죠. 소위 '팀모'라고 하는 거예요.

팀에 들어온 어머니 중에 전문직도 많았고 집안에 챙겨야 할 대소사가 많아서 바쁘신 분도 계셨거든요. 그러면 누군가 나서서 아이들 케어를 담당하는 게 엄마들도 편하고 안심되잖아요. 그래서 아이들 픽업해서 학원, 집 데려다주고, 12시간 관리 스케줄 짜고, 아이가 그 스케줄 잘 이행했는지 평가서도 쓰고, 팀 수업 선생님 섭외

하고 하는 모든 걸 제가 맡을 테니 교육비 분담을 좀 줄여 달라고 제안했어요. 그런 제안을 싫어하는 엄마? 단 한 명도 없었어요. 오히려 먼저 팀모 역할을 맡기고 싶어 하는 엄마들도 있었죠. 그런 노력으로 원래는 500만 원 가까이 들었을 비용을 거의 200~300만 원까지 낮출 수 있었어요. 그렇게 팀모 노릇 하는 게 고생스럽긴 했지만 그 고생이 고스란히 아이 성적을 위한 교육에 투자된다고 생각하니 어떻게든 해내게 되더라고요.

'내 아이에게 맞는 것'을 찾는 과정에 정답은 없다

그런 경험이 있다 보니 저 스스로 '노력했다', '참 대단하다'라고 칭찬하고 뿌듯해하기도 하지만 제 방식이 유일무이한 정답은 아니라는 건 잘 알고 있습니다. 교육에 정답이 있을까요? 그런 게 있었다면 학원이 이렇게 수도 없이 많을 필요가 없겠죠. 아이들이 모두 제각기 다른 만큼 교육 방법도 다를 수밖에 없습니다. 남들은 아이를 어떻게 교육하는지, 혹시 성적 좋은 아이들이 하는 거 우리 아이만 놓치고 있는 건 아닌지 걱정하시는 마음은 충분히 이해합니다. 하지만 가장 중요한 건 결국 '내 아이에게 맞는 교육인가?'라고 생각해요. 아이에게 맞지 않는 방식의 교육을 비싼 돈 들여 시켜 봤자 아이가 자기 것으로 흡수하지 못하면 결국 낭비에 불과합니다. 아이를 제일 잘 아는 건 낳고 기른 엄마잖아요. 나만의 철학도 있으실 거고요. 그러니 제가 했던 것처럼 수입을 최대한 늘려 교육에 투자하거나, 교육비를 아끼려는 노력 같은 건 엄마의 열정만 있다면 추천하지만, 무조건 경시대회 학원을 끊는다거나 기계적으로 제 방법을 그대로 따라 하는 건 추천하지 않아요. 제 경험을 참고하되 '우리 집에 맞는 방식'을 엄마가 직접 설계하는 게 더 좋습니다.

내신 대비 학원부터 대형 수업, 팀 수업까지, 서울대 엄마의 학원 활용 공통점

○○학교 내신 대비반, 무턱대고 등록하면 끝?

중간고사를 앞두면 엄마들 고민이 깊어집니다. 아이 성적이 걱정인데 어떤 학원을 보내야 하나 수심 가득한 얼굴로 한숨만 푹푹 쉬게 되는 거죠. 그러다 보면 조급한 마음에 대형 학원에서 열리는, 50~70명씩 들어가는 '○○고 내신 대비반'에 '일단 등록부터' 하고 보는 분들 많으실 거예요. 많은 학부모가 '어쨌든 ○○고 반이니까 ○○고 아이들을 위한 커리큘럼을 짜 놓았겠지. 그러면 해결되지 않을까?' 정도의 막연한 기대를 품고 학원을 선택해요. 솔직히 저는 그게 이해가 안 돼서 ○○고 반에 등록한 어떤 엄마한테 그래서 내신 성적은 좀 괜찮게 받았는지 물어보기도 했어요. 그랬더니 "내신은 포기했어요."라고 하더라고요. 내신을 위해 학원에 등록해 놓고 내신을 포기했다? 효과가 별로 없었거나 안 다녀도 될 학원에 괜한 돈을 썼다는 말이겠죠.

이런 선택은 학원의 실제 효과나 아이 입시 전략보다는 '다른 애들 다 가는데 우리 애만 빠지면 안 되는 거 아닐까?'라는 부모의 불안에서 비롯된 경우가 많아요. 우리 아이만 소외되는 것 같은 초조함을 견디지 못하는 거죠. 앞에서도 말했지만 엄마가 이 불안을 이겨 내지 못하면 아이는 학원에서 필요하지도 않은 수업에 시간을 낭비하면서 자기한테 알맞은 교육을 받을 기회를 놓치게 됩니다.

'가짜 팀 수업'에
시간 버리지 마라

그런가 하면 유독 팀 수업을 선호하시는 분도 많아요. 팀 수업이 아무래도 평범한 수업보다 조금 비싸긴 하죠. 하지만 팀 수업만의 장점이 있고 확실히 효과가 좋아서 대형 수업보다 팀 수업이 낫다고 보는 엄마들이 꽤 있어요. 그런데 '팀 수업'이라는 말을 학원가에서는 무척 다양한 의미로 사용하고 있더라고요. 사실상 대형 수업인데도 팀 수업이라고 포장하기도 해요. 심지어는 40~50명이 들어가는 반을 팀이라고 하는 곳도 있습니다. 이런 건 팀 수업이라고 하면 안 되죠. 무늬만 팀 수업이고 팀 수업의 장점을 하나도 살리지 못하는 수업이니까요.

제대로 된 팀 수업은 네 명 이상, 열 명 이하로 인원을 구성합니다. 그리고 보통 같은 학교 학생들끼리 수업을 진행해요. 다른 과목은 그렇게 진행하고 예외적으로 수학 정도만 여러 학교 연합으로 팀을 구성합니다. 왜 같은 학교끼리 묶냐고요? 그야 학교 수업의 흐름이나 서술형, 단답형 문제의 경향을 파악하려면 한 학교만 콕 집어서 집중적으로 대비하는 게 여러 학교 수업을 섞어서 분석하는 것보다 훨씬 더 효과적이기 때문이죠. 학교 수업 시간에 진도 얼마나 나갔나 공유하고 그것만 바짝 분석하는 게 효율적이지 학교마다 다른 진도를 다 포괄할 수 있게 수업하려면 선생님도 못 버틸뿐더러 깊이 있는 수업은커녕 겉핥기만 겨우 하다 수업이 끝날 거예요. 수학은 다른 과목에 비해 그런 차이가 덜한 편이고 공통적으로 익혀야 하는 개념 등이 겹치니 꼭 같은 학교가 아니라도 수업을 같이 들을 수 있죠. 팀 수업에 단점이 있다면 수강료가 비싼 것과 선생님들의 실력 차이입니다.

학원 규모만 보고 선택하면 반드시 놓친다

사실 '선생님의 실력 차이'라는 문제는 팀 수업뿐 아니라 대형 수업도 마찬가지예요. 수강료가 비싼 것은 어쩔 수 없는 부분이라지만 기껏 모신 선생님의 실력이 모자라서 아이가 적절한 교육을 못 받는 건 억울한 일이죠. 다행히 이건 엄마가 발품을 얼마나 파느냐에 따라 해결할 수 있는 문제입니다. 대형 수업이랑 비교해서 생각해 보세요. 큰 학원의 대형 수업은 많은 수강생이 선택했기에 최소한 어느 정도 검증이 된 수업이라고 생각하시는 분이 많아요. 그래서 대부분 학원을 보고 움직이곤 하죠. 유명한 A 학원에 B 선생님이 새로 왔다고 하면 B 선생님에 대해서 자세히 알아보지 않고 기본적인 정보만 확인한 후, A 학원에서 어련히 알아서 실력을 검증했겠거니 생각하고 등록해 버리는 거죠. 좋은 수업일 확률이 얼마나 될까요? 물론 큰 학원이 검증을 아주 허술하게 하지는 않아요. 하지만 아까 말한 것처럼 모두에게 좋은 수업은 없습니다. '내 아이에게 맞는 수업'이 중요한데 그걸 위한 검증은 학원이 해 줄 수 없어요. 반드시 엄마가 직접 해야만 합니다.

의대 엄마는 작은 학원도 선호했다고 해요. 작은 학원에서만 가능한 밀착 관리라는 강점이 오히려 유명 대형 학원보다 나을 수도 있기 때문이에요. 아이가 일주일에 한 번만 수업을 들었지만 수업이 없는 날에도 공부하다 모르는 게 있으면 학원에 들러 질문하고, 질문할 게 없어도 그냥 빈 교실에서 자습하고 그랬대요. 어떤 학원에는 새벽에라도 모르는 게 있으면 메시지 보내라고 하는 선생님도 계셨고요. 그렇게 가까이 지낼 수 있는 환경이 조성되면 아이도 선생님과 신뢰 관계를 쌓으면서 공부에 더욱 열의를 보이고, 엄마도 선생님이 수업을 잘하고 계시는지 자연스럽게 알 수 있어요. 저도 국문과에 간 제 딸을 작은 수학 학원에 중1부터 고3까지 6년간 보냈어요. 학원 커리큘럼을 꼼꼼히 비교해 보고, 아이한테 수업 어땠냐, 선생님은 좀 괜찮냐 물어보면서 '여기서 입시를 끝내도 되겠다'라는 확신을 얻어서 계속 보낸 거예요. 학원에서 밀착 관리를 해 주니 안심도 되고, 학원과 선생님께 신뢰도 쌓이고 아이 내신 성적도 꾸준히 최상위권으로 유지가 되니까 특별히 더 신경 쓰지 않아도 돼서 입시 내내 정말 편했죠.

내신의 본질을 꿰뚫는 학원 선택

정리하자면 이런 겁니다. 아이의 특성과 성향을 정확히 파악한 후, 엄마가 발품 팔아 선생님을 알아보세요. 학원 규모가 작다고 무조건 배제하지 마세요. 밀착형으로 아이를 관리해 주는 작은 학원만의 장점을 잘 활용하면 유명 대형 학원 못지않은 효과를 볼 수 있다는 걸 기억하세요.

내신은 결국 1점 차이로 등급이 갈리는 싸움입니다. 시험 난도가 낮을수록 실수는 몹시 치명적이고 100점을 맞아야만 안정적으로 등급을 확보할 수 있어요. 그래서 '오늘 두 과목 시험이면 200점, 세 과목이면 300점이 목표다'라는 말까지 나왔죠. '내신은 완벽을 지향하는 게임'이라고 생각하시고 관점을 완전히 바꾸셔야 합니다. 학원을 선택할 때도 이에 맞춰서 접근하셔야 해요. 그러면 대형 수업, 팀 수업, 작은 학원 활용 중에 내 아이에게 딱 알맞은 학원 활용법이 눈에 보이기 시작할 거예요.

서울대 엄마의 학원 옮길 결심,
아이 학원 바꿔야 할 절대 놓치면 안 되는 징조

**쇼핑하듯 반복해서 옮기면
학습에 구멍이 난다**

가끔 보면 학원을 한 학기에 한 번꼴로 바꾸는 엄마들이 있어요. 심지어는 한 과정을 다 끝마치기도 전에 다른 학원으로 옮기는 분도 있더라고요. 이 학원에서 한 단원도 끝내지 않고 다른 학원으로, 또 다른 학원으로 마치 쇼핑하듯 학원을 옮기면 어떻게 될까요? 아이가 그 과정에서 배워야 할 중요한 개념을 조각조각 나눠서 배우느라 학습 구멍이 생깁니다. 학원을 바꾸지 말라는 게 아니에요. 옮길 결심이 섰다고 해도 최소한 한 과정이 마무리된 다음에 옮기는 게 이상적이라는 거죠.

짧은 기간 동안 반짝 다녀 놓고 학원을 판단하는 건 오히려 아이 학습에 방해됩니다. 학년이 올라가거나 약간 어려운 개념을 다루느라 선생님 설명이 조금 복잡해지고 이전처럼 단박에 이해되지 않으면 그 즉시 "아, 이 학원 나랑 안 맞아."라고 불평하는 아이들이 있어요. 그러면 엄마는 아이 말만 듣고 학원을 바꿔 주죠. 그게 반복되면 어려운 문제를 해결할 실력은 누적되지 않고 오히려 학습의 맥만 탁탁 끊겨서 결과적으로 낮은 성적을 받을 수밖에 없어요. 어려운 걸 쉽게 설명하는 게 선생님이 할 일이라지만, 아이도 최소한의 인내와 끈기를 필수적으로 갖춰야 합니다. 수업이 괜찮은지 별로인지 판단할 만큼은 다녀 보고 나서 옮기든 말든 해야 학습 구멍을 막고 학습의 맥을 끊지 않을 수 있어요.

최상위권은 내용 중심, 자존감이 낮은 아이는 관계 중심

좋은 학원 골라서 오래 다니는 게 가장 효과적인 건 엄마들도 잘 알 거예요. 저희 아이들 중에는 같은 영어 학원 8년, 수학 학원 6년 다닌 케이스도 있어요. 그만큼 믿고 신뢰하니까 계속 다닌 거고 그런 믿음에 부합하듯 성적도 굉장히 안정적으로 유지됐거든요. 하지만 모두가 이렇게 단번에 잘 맞는 학원을 찾기는 어렵죠. 그리고 경우에 따라선 과감하게 학원을 옮겨야 할 때도 있습니다. 예를 들어 고3이 되면 수능이라는 전국 단위 시험에 더 전념해야 하니까 내신 위주 학원은 끊고 수능 중심 학원으로 갈아타야 할 필요가 생기기도 해요. 이렇게 전략적인 판단이라면 학원을 옮기는 게 문제되지 않습니다. 진짜 문제는 감정적인 충동에서 비롯된 학원 쇼핑이에요.

제가 학원을 고를 때 가장 먼저 보는 건 강사예요. 해당 선생님의 강의력, 콘텐츠, 커리큘럼은 기본이고 같이 수업 듣는 학생들은 누구인지, 성격은 어떤지도 중요하게 봅니다. 반 분위기나 수준, 공부 태도 등도 학습 효과에 영향을 어마어마하게 미치기 때문이죠. 이런 정보는 그 학원을 다녀 봤던 선배 학부모, 동기, 지인, 엄마 모임 등 여기저기서 부지런히 수집해야 합니다. 뜬 소문이 아니라 실제로 다녀 본 경험자들의 말을 듣는 게 훨씬 정확해요. 그런 자리가 없으면 엄마가 먼저 나서서 학부모끼리 모임을 짜셔도 됩니다. 가볍게 브런치라도 하면서 여러 이야기와 정보를 나누는 거죠. 거기서 입시에 서로 도움 주는 인연을 만날 수도 있어요.

또 아이 성향과 현재 상태도 몹시 중요합니다. 아이들이 학원에서 보내는 시간이 점점 더 길어지니까 학원이 단순히 학습만 하는 공간이 아니라 관계를 맺는 장소가 되었거든요. 같은 학원 다니는 또래와의 관계도 중요하지만 선생님과의 관계도 무척 중요해요. 자존감이 낮은 아이에게는 존중받는 기분, 격려와 인정 같은 게 힘든 입시를 견디는 데 큰 힘이 되거든요. 학원에서 '너는 잘하고 있다'라는 메시지를 받게 되면 아이 스스로 자신을 믿고 더 열심히 하게 되는 선순환이 생기죠. 반면 최상위권 학생이라면 관계보다 수업 내용 중심으로 학원을 택해야 합니다. 최상위권 아이는 스스로에 대한 믿음이 성적이라는 구체적인 숫자로 증명되었기에 감정적 케어 없이도 스스로 헤쳐 나갈 힘이 있는 아이예요. 자기가 얻어 가는 게 확실하지 않으면 다른 학원으로 옮겨야 하죠. 이렇게 내 아이를 정확히 파악하고 성향에 맞는 학원을 찾아서 오래 정착하는 게 안정감 면에서나 결과 면에서나 좋아요.

그럼에도 불구하고, 이런 징조가 보이면 바꿔라

하지만 리스크가 있더라도 반드시 학원을 옮겨야 하는 경우가 있어요. 아이가 "아, 이 학원 나랑 안 맞아."라고 하는 말에 속으면 안 된다고 말했죠. 하지만 그 말을 덮어놓고 의심해서도 안 됩니다. 그

뜻을 정확히 분석하셔야 해요. 단순히 수업이 어려워서 그렇게 말하는 거라면 성장 기회라고 생각하고 열심히 하라고 격려하면 그만이지만, 실제로 수업이 아이 수준에 전혀 맞지 않아 따라가기 벅차다는 말이거나 반 분위기가 엉망이라는 걸 표현한 거라면 그때는 반드시 학원을 바꾸셔야 합니다.

이뿐만 아니라 수업 중 선생님의 태도가 불성실하다거나 아이가 선생님께 존중받지 못한다고 느낄 때도 과감하게 옮기셔야 합니다. 전자는 말할 것도 없지만 후자의 경우는 고개를 갸우뚱하시는 분들이 있을 것 같아요. 아까 자존감 낮은 아이는 충분히 존중해 주는 선생님, 최상위권 아이는 존중받는 느낌보다는 수업 내용이 학원을 선택하는 기준이 될 수 있다고 말씀드렸죠. 최상위권 아이 부모님은 "우리 애는 자존감이 충분히 높은데 학원 선생님한테까지 존중받을 필요 없어요. 수업만 잘하면 되는 거 아닌가요?"라고 말할지도 모르겠네요.

그런데 그냥 무던한 성격이라 칭찬이나 표현을 적게 하는 선생님과 '아이를 존중하지 않는' 선생님은 범주가 완전히 다르잖아요. 제아무리 자존감 높은 최상위권 아이라 하더라도 그런 선생님은 피해야 합니다. 어떤 아이는 영어 내신 수업에서 100점을 받았는데도 선생님이 "네가?"라고 비꼬면서 아이 실력을 인정해 주기는커녕 조롱한 탓에 상처를 받고 그만두었다고 해요. 설마 그런 사람이 정말로 있을까 싶으시죠? 입시는 정말 별의별 일이 다 있을 수 있어요. 겪어 보지 않으면 모른다지만 겪어 보고 나서 깨달으면 늦어요. 학원도 '사람 대 사람'의 관계인데 신뢰 없이 효과가 날 리 없습니다. 이처럼 학습 내용이 아예 아이 수준에 맞지 않는 경우, 학습 분위기나 선생님의 태도에 문제가 있는 경우, 선생님이 아이를 존중하지 않는 경우에는 반드시 학원을 옮기셔야 해요.

'자물쇠 반'까지 하면서 공부를 시켜야 할까?
서울대 엄마의 소신

텐투텐? 자물쇠 반?
사교육, 어디까지 아세요?

　서울대 엄마들이 전부 그런 건 아니지만 저는 아이를 외대부고, 공대에 보내는 동안 확실히 사교육에 큰 도움을 받은 것 같아요. 과목별로 세분화해서 수업을 받으면서 아이가 특히 취약한 부분이 있으면 개인 과외도 따로 보완했죠. 방학에도 아이가 아침부터 밤까지 학원에서 공부하고 거기서 밥도 먹고 오는 걸 당연하게 여겼던 것 같아요. 그러다 보니 저는 아주 오래전부터 '텐투텐'(주말이나 방학 때 오전 10시부터 오후 10시까지 학원에 있는 것)을 해 온 거나 다름없죠. 요즘은 방학 프로그램으로 아주 인기가 있더라고요. 저희 때는 학원의 프로그램으로 텐투텐이 있었던 게 아니라 그냥 학원에서 수업 듣고 자습하면서 모르는 것이 있을 때 바로 선생님께 여쭤보면서 지냈던 거 같아요.

중학교 3학년 때는 아이가 다니는 학원에서 고등 대비 과정을 스파르타식으로 진행했거든요. 원장님이 특별히 몇몇 아이를 '자물쇠반'이라고 이름 붙인 특별 클래스로 수업 시간과 자습 시간, 쉬는 시간까지 싹 다 관리하셨어요. 물론 실제로 자물쇠를 걸어 잠그고 못 나가게 하면서 강제로 공부를 시킨 건 당연히 아니에요. 아이들이 공부에 완전히 몰두할 수 있는 환경을 학원에서 프로그램으로 제공하는 거라고 생각하시면 되죠. 다만 이름이 자극적일수록 엄마들이 좀 더 솔깃해하는 부분이 있으니 그러신 거라고 생각해요. 저희 아이는 그 효과를 많이 봤어요. 그때 책상에 앉아서 10시간이고 11시간이고 쭉 이어서 공부하는 습관이 몸에 밴 것 같아요. 사실 고등학교부터는 학원 수업 더 많이 듣는 것보다 혼자서 얼마나 공부하느냐가 더 중요해요. 배운 걸 소화하지 못하면 말짱 도루묵이거든요. 학교 수업이든 학원 수업이든 개념이나 지식을 전달만 할 뿐, 스스로 그걸 되짚어 보고 궁리하는 과정을 거쳐야 비로소 확고히 자기 것으로 만들 수 있으니까요. 그렇게 한번 자기 것으로 만들면 그 어떤 고난도 문제가 나와도 당황하지 않죠. 효과 좋다는 학원 프로그램, 신청하기 그렇게 어렵다는 일타 강사 수업만큼이나 자기 주도 학습 루틴, 혼공력에 많은 엄마가 집중하는 이유도 거기 있고요. 그래서 이렇게 고등학교 올라가기 전에 반드시 혼자 공부하는 방법을 익힐 수 있게 억지로라도 습관을 만들어 주는 게 정말 중요하죠.

엄마의 판단 없는
'남들 따라 무지성 사교육'은 독이다

저희 아이는 그렇게 학원을 다녔지만, 사실 학원 활용에는 정답이 없는 것 같아요. 저는 효과가 엄청 좋다고 생각하는 텐투텐을 감옥 같은 프로그램으로 느끼는 아이도 있거든요. 자물쇠 반에 참여했던 애들도 다 성공적으로 효과를 본 건 아니고요. 제 아이한테는 효과가 있었지만 대부분 중간에 포기하고 그만뒀습니다. 그 아이들에게는 자물쇠 반이 오히려 공부에 대한 안 좋은 기억만 만들어 준 게 아닐까요? 실제로 자물쇠를 걸어 잠근 건 아니더라도 언어가 주는 압박감이 상당하잖아요. 감시당한다고 생각해서 더 힘들었을 수도 있고요.

사실 모든 학부모가 텐투텐이나 자물쇠 반을 학습 효과 때문에

만 보내는 건 아니기도 해요. 학원이 이렇게 긴 시간 동안 아이를 데리고 있어 준다는 걸 마케팅 요소로 활용하기도 하거든요. 학교에 가지 않는 방학 때 아이들 학습 관리가 너무 힘들지 않냐, 그런데 학원에 보내면 어떻게든 10시부터 10시까지 앉혀서 공부시킬 수 있다, 그렇게 말하는데 안 넘어갈 엄마들이 있겠어요? 하지만 다시 한번 말씀드려요. 결국 아이가 잘 받아들이고 적응할 수 있느냐가 중요한 거예요. 아이가 못 받아들이는데 강요하는 건 그냥 아이를 괴롭히는 일에 불과합니다.

필요할 때만 활용할 줄 아는 것도
감각이고 센스

서울대 의대 엄마는 저와는 반대로 학원을 핀포인트로 활용한 분이에요. 아이 성향이 오래 앉혀 놓는 것보다 짧게 앉아 있더라도 집중력을 확 발휘하는 게 더 나았던 거죠. 그래서 학원도 그렇게 활용하셨대요. 처음부터 학원에 오래 머무르기보다는 집에서 혼자 공부하다가 모르는 문제가 생기면 그걸 한 번에 싹 모아서 학원에 가는 거죠. 그리고 그 문제들을 다 해결하고 집으로 오는 거예요. 그 아이는 학원보다는 집에서 공부가 더 잘되는 성향인데 굳이 학원에 오래 있을 필요가 있을까요? 집에서도 충분히 혼자 공부가 가능하고, 엄마도 그걸 충분히 관리할 수 있는 환경이라면 꼭 텐투텐이나 자물쇠 반을 보낼 필요가 없는 거죠. 그 아이는 중학생 때 고등 과정을 선행할 목적으로 학원의 커리큘럼을 따라갔지만 고등학교에 올라와서는 학교 자습 시간에 혼자 공부하고, 학원은 딱 필요한 순간에만 가서 도움받고 오는 식으로 활용했다고 해요. 이처럼 엄마가 아이 성향을 잘 파악하면 애먼 데 돈을 쓸 필요도 없죠.

전략이 있는 엄마는
남들보다 학원비도 적게 든다

결국 정리하자면 이거예요. 저는 텐투텐, 자물쇠 반 등으로 많은 도움을 받은 게 사실이에요. 하지만 그렇다고 텐투텐, 자물쇠 반 같은 학원 프로그램을 무작정 등록하라는 말은 절대 아니에요. 앞서 본 것처럼 그런 것 없이도 서울대 보낼 분들은 무시무시하게 전략적으로 최소한의 학원비만 지출하고도 서울대 보냅니다. 중요한 건 아이의 성향과 필요에 따라 결정하는 엄마의 판단력이에요. 아이가 공부 습관이 이미 딱 잡혀 있고 엉덩이 근력도 있어서 집에서 혼공력 길러 주는 것만으로 충분한데 괜히 자물쇠 반에 등록했다고 생각해 보세요. 아이가 빡빡한 분위기를 잘 버티면 다행이겠지만 만약 못 버티고 나가게 되어 괜히 공부 감정만 상하고, 원망의 방향을 엄마에게 돌리기 시작하면 그때부턴 정말 고난의 시작일 거예요. 누구보다 냉정하게 판단하세요. 내 아이지만 집중력이 아직 부족하고 진득하게 붙어서 공부하는 방법을 좀 배워야 한다고 판단하면 학원 프로그램을 활용하는 거지만, 굳이 필요 없는 아이를 내 조바심에 괴롭히지 않는 게 입시 성공의 지름길입니다.

2장

억지로 안 시켜도 알아서 잘하게 만드는 서울대 동기 부여

평준화 일반고에서 서울대 39명?
미친 동기 부여 '낙생고'

전국 4위, 일반고 1위, 서울대 39명, 일반고 탑은 낙생고

 2025년 낙생고의 서울대 합격자 수는 무려 39명이에요. 수시 2명, 정시 37명으로 정시 비중이 매우 높죠. 정시로만 따지면 전국 1, 2위인 외대부고와 대원외고보다도 높은 수치예요. 일반고 중에선 단연 1위를 자랑하고요. 서울대 의학 계열 합격자만도 9명인 데다가 연고대 포함 의학 계열 합격자는 34명이에요. 단대부고보다 학생 수는 100명 가까이 적은데도 어마어마한 성과를 거둔 거죠.

이런 성과는 운이 좋았다거나 단발성으로 거둔 결과가 아니라 노력이 누적된 거라고 봐야 해요. 저도 20년 경력 교육 전문 기자로서 서울대 진학률을 분석하고, 매년 꾸준히 상승세였던 낙생고를 취재하기도 했는데 작년에 30명을 넘겼을 때 정말 깜짝 놀랐죠. 그런데 올해는 39명이나 서울대에 합격하면서 제가 소식을 듣자마자 교장 선생님께 황급히 전화를 드릴 정도였어요. 자사고로 전환해야 하는 거 아니냐 여쭤보니 일반고 중에서 가장 독보적인 학교로 남겠다고 하시더라고요.

학풍이 만든 최고의 몰입 환경
: 주 6일 등교, 96% 자율 학습

낙생고가 이런 성과를 거둔 배경에는 물론 낙생고만의 특별한 시스템과 교육 철학의 일관성도 있지만 '학풍'이라고 할 만한 몰입 환경, 즉 분위기가 있습니다. 낙생고는 주 6일 등교해요. 그리고 96%의 학생이 자발적으로 자율 학습에 참여하죠. 수요일만 방과 후에 일찍 귀가하고 토요일에도 어김없이 자율 학습을 진행합니다. 사실 10년 전부터 낙생고는 이런 어마어마한 몰입 환경으로 유명했어요. 학생들이 11시까지 자율 학습을 진행하고 아침에 7시까지 등교했죠. 그때부터 선생님들이 속된 말로 '영혼까지 갈아 넣어서' 학생들 열정을 확 끌어올린 거예요. 이렇게 학교가 한번 확 열정으로 불타오르고 궤도에 올라서면 그게 일회성 경험이 아니라 학교의 분위기이자 학풍으로 자리 잡게 되는 거죠.

이런 분위기가 확고히 잡힌 학교에서는 학생들도 하기 싫다거나 힘들다거나 그런 말을 일절 안 하게 돼요. 오히려 힘들지만 그렇게 하는 게 당연하지 않냐고 대답하죠. 서로를 더 격려하고 북돋아 주는 건 물론이고요. 나도 힘들고 너도 힘들지만 우리 같이 한번 끝까지 버텨 보자, 그런 마음이 생길 수밖에 없어요. 그리고 그런 분위기가 누적되면 그만큼 의지와 열정이 있는 학생들이 더 많이 지원하게 되고요. 잘 형성된 학풍이 또다시 자율성과 몰입을 이끄는 선순환이 형성되는 거예요.

중위권도 절대 흔들리지 않는 탄탄한 시스템과 노련한 선생님들

이런 환경이 제공하는 또 다른 장점으로는 무엇이 있을까요? 바로 아이들이 쉽게 불안해하지 않는다는 것입니다. 중학교 때는 거의 학원에서 공부를 도맡는 것에 비해 고등학교에 올라가면 스스로 공부하는 시간, 자기 주도적 학습의 중요성이 학원 수업만큼이나 높아져요. 하지만 의지만으로 매일 자기 주도적 학습을 이어 나가기는 쉽지 않습니다. 게다가 아이들이 고1 때는 대부분 학종으로 입시를 준비하겠다고 큰소리쳐요. 그런데 중간고사, 기말고사 치면서 성적표에 2~3등급이 하나라도 나오면 멘탈이 완전히 붕괴됩니다. 그렇게 플랜이 무너졌다고 생각하고 좌절하는 아이들은 학교에서 보내는 자율 학습 시간이 낭비고 사치라고 생각하게 돼요. '나 빨리 학원 가서 성적 복구해야 해'라는 생각에 사로잡히게 되는 거죠. 중학교 때까지는 학원 열심히 다니면 성적이 오르고 잘 유지가 됐거든요. 그렇게 자기 주도적 학습은 다시 멀어지고 성적은 더 내려가는 악순환이 시작돼요.

하지만 낙생고 학생들은 쉽게 무너지지 않더라고요. 다른 학교 아이들이 2~3등급 맞고 울면서 학원 찾아다닐 때, 낙생고 학생들은 4등급이 나와도 흔들리지 않고 자율 학습에 더 몰입합니다. 어떻게 그럴 수 있을까요? 그 이유는 낙생고가 지금까지 쌓아 온 무수한 입시 경험에서 찾아볼 수 있습니다. '내신 5등급을 받고도 정시로 서울대 간 선배' 같은 실제 사례가 있고 그 아이들을 직접 지도해 온 노련한 선생님들의 '이 정도 성적이어도 성공적인 입시가 가능하다'라는 확신이 뒷받침하니 학생 멘탈이 흔들릴 여지가 전혀 없는 거죠. 게다가 낙생고는 주변에 학원도 없어요. 시간을 빼서 사교육을 받으려고 해도 주 6일 등교하고 대부분 10시까지 자율 학습을 하니 쉽지 않죠. 그래서 오히려 낙생고에 입학하는 학생은 여기서 3년 동안 몰입하겠다는 각오를 다지고 들어옵니다. 실제로 전국에서 서울대를 제일 많이 보낸 학교인 외대부고도 기숙사제인 데다가 주변에 학원이 하나도 없어요. 이처럼 입결이 좋은 학교들은 학생들이 어쩔 수 없이 자기 주도적으로 학습할 수 있도록 환경을 조성합니다.

신뢰와 헌신으로 쌓은 '미친 동기 부여'

이런 시스템이 유지되려면 사실 제일 중요한 게 뭔지 아세요? 학생에게 헌신하는 선생님과 그런 선생님을 신뢰하는 학부모 간의 유대감입니다. 그게 낙생고가 다른 학교와는 차원이 다른 동기 부여를 해 주는 학교인 큰 이유 중 하나죠. 단지 합격자 수에만 열광하는 게 아니라 학생들이 얼마나 노력했는지 알아주는 선생님, 학생들만큼이나 선생님도 애쓴 걸 아는 학부모가 모여 하나의 공동체 의식이 형성된 거예요. 그렇게 서로 신뢰하고 묵묵히 노력하는 루틴이 곧 동기 부여의 원천이 되는 거예요. 게다가 낙생고는 그렇게 동기를 잔뜩 부여받은 열정적인 학생들의 요구와 2025년 고교학점제 시행에 발맞춰 다양한 프로그램을 아주 꼼꼼하게 준비했어요. 그 프로그램을 이끌어 갈 선생님들의 헌신과 든든하게 지원하는 교장 선생님 없이는 불가능한 일이겠죠. 결국 일반고 1위는 이러한 학풍, 신뢰와 유대로 이어진 학교 공동체의 협력이 빚어낸 결과예요.

서울대생이라고 다를 것 같아요?
'이것' 관리 못 하면 성적 폭망

휴대폰 중독엔
서울대생도 예외 없다

요즘 학생들, 특히 중고등학생의 공부를 가장 방해하는 요소는 무엇보다도 휴대폰일 거예요. 실제로 제가 상담하면서 만난 학생 대부분이 유튜브나 SNS 때문에 수면 시간이 부족했어요. 심한 경우엔 새벽 3시까지도 유튜브를 본다더라고요. 하루에도 SNS, 메신저 알림만 수천 개가 오는데 아이 집중력이 멀쩡할 리가 없죠. 서울대 간 학생한테 너는 휴대폰을 어떻게 했냐 물어보니까 고3 때는 그냥 모든 걸 차단했다고 합니다. 대신 서울대 합격한 후에 한 달 동안 잠도 안 자고 게임만 했대요. 그러니까 그 정도로 게임을 좋아하는 학생도 아예 끊겠다고 독하게 마음을 먹어야 할 정도로 입시는 집중력을 극도로 관리해야 하는 시기고, 끝없이 아이들을 유혹하는 디지털 환경에서 벗어나야 하는 시기예요.

무조건 압수하기보다
관리 능력을 길러 줘라

그러면 이토록 중요한 집중력 관리, 대체 어떻게 해야 하는 걸까요? 위 학생은 스스로 의지를 가지고 휴대폰 사용 자체를 봉인했다지만 그 정도로 의지가 강한 아이가 아니라면 어떻게 하는 게 정답일까요? 일단 이건 알아 두세요. 아이에게서 무작정 뺏는 방식으로는 오래가기 힘들어요. 태블릿처럼 공부에 필요한 기기로도 얼마든지 메신저, SNS 접속이 가능해서 완전히 차단할 방법도 없습니다. 전자 기기를 다 압수하거나 하루 종일 붙어서 감시하면 가능할지도 모르죠. 하지만 제일 이상적인 건 그렇게 강압적으로 차단하는 것보다 아이 스스로 관리 능력을 갖출 수 있게 도와주는 거예요. 어차피 아이들은 우리와 달리 AI 시대를 살아가야 하는데 전자 기기고 새로운 디지털 환경이고 무작정 차단하려고만 하면 오히려 그게 아이 미래에 도움이 안 될 수도 있어요. 그러니 질문을 '어떻게 끊을 것인가?'에서 '어떻게 다루게 할 것인가?'로 바꾸셔야 합니다.

시기와 상황에 맞춰서 전략적으로 접근하세요. 초등학생 때는 어쩔 수 없습니다. 그 시기는 아이들이 스스로 관리의 필요성을 느끼고 자제하는 걸 기대하기 어려운 시기입니다. 그러니 부모님이 직접 관리하면서 필요할 때만 사용하게 하세요. 중고등학교부터는 어차피 학교든 학원이든 아이가 휴대폰만 들여다보게 내버려두지 않아요. 학생이 휴대폰을 보든 말든 신경 안 쓰는 학원은 있을 수가 없죠. 집에 돌아와서는 '저녁 먹고 1시간 동안', '자기 1시간 전까지' 같은 식으로 시간을 정해서 사용하게 하세요. 여기서 만약 아이가 스스로 자제하지 못하고 내내 휴대폰만 보려고 하면 그때는 사용을 제한하겠다고 단호하게 말해야 합니다.

아이와 신경전 하는 대신
정확한 사용 시간을 인식시켜라

물론 이렇게 시간을 정해서 통제하는 것도 단순하게만 접근하면 효과가 없습니다. 아이 스스로 하루에 휴대폰을 얼마나 사용하고 있는지, 그게 내 학습에 어떤 영향을 미치는지 자각해야 관리의 필요성을 느껴요. 어떤 부모는 휴대폰 사용을 제한하지 않고 완전히 풀어 준 다음 아이가 어떻게 행동하나 유심히 지켜본 후에 아이에게 하나도 빠짐없이 정확하게 알려 줘요. "너 엄마가 말 안 하니까 휴대폰만 n시간 보던데 그건 너무 심하다고 생각하지 않니?" 엄마가 이렇게 물으면 아이는 변명을 하면서도 속으로 '아, 좀 줄이긴 해야겠구나' 하고 스스로 문제 상황을 인식하게 되는 거죠.

엄마가 일방적으로 통제하기보다는 가이드라인을 제시하고 잘 따라오는지 관찰한 후, 최종적으로는 스스로 통제하도록 유도하는 게 가장 좋습니다. 물론 30분, 1시간 이렇게 정한 시간도 못 지키고 부모한테 대들고 계속 갈등을 빚으면 전문가 상담을 받거나 과감하게 '공신폰'으로 바꾸시는 것도 방법입니다. 최선은 아이가 스스로 관리하는 거지만 그게 불가능한 상황에서 아이가 바뀔 것만 믿고 기다릴 순 없어요.

어릴 때 영상에 중독되면
나중 가선 답도 없다

이러한 관리가 쉽지 않은 걸 알아요. 요즘 아이들은 한 살 때부터 유튜브를 보고 자라잖아요. 식사 중에도 보고, 유모차 안에서도 유튜브를 보고 있더라고요. 이렇게 어릴 때부터 유튜브에 노출되면 디지털 기기에 대한 의존이 너무 이른 시기부터 형성되고 뇌 구조도 자연스레 글보다 영상에 익숙해집니다. 그런데 시험은 결국 문자를 기반으로 출제되기 때문에 영상에만 익숙한 아이는 시험 문제에서 반드시 낭패를 봐요. 문해력에 관련된 이슈나 걱정도 다 이런 흐름에서 제기된 거예요.

물론 부모들의 육아 고충을 모르는 바는 아니죠. 우는 아이도 영상 하나만 틀어 주면 눈물 뚝 그치는데 아예 안 보여 줄 수는 없는 거 알아요. 하지만 어릴 때부터 정보를 영상으로만 접해 온 아이들은 텍스트를 읽고 해석하는 능력이 부족하다는 게 너무 자명해요. 똑똑한데 성적 안 나오는 애들, 대부분 책보다 유튜브를 더 많이 봐서 그런 경우예요. 영상 콘텐츠는 정보를 보조하는 용도로 활용하고 주된 정보 습득은 글로 해야 해요. 그러니 아이가 아무리 떼쓰고 보채더라도 이 악물고 관리해야 합니다.

최소 중3까지 혼공력 못 만들면 답 없습니다

아이가 왜 혼자서 계획을 못 짤까요?

"공부 계획 좀 제대로 짜 봐.", "자기 주도적으로 할 순 없어?" 같은 말, 쉽게 하시죠. 정작 '혼자서 공부하는 방법'을 가르친 적도 없으면서 이렇게 말씀하시는 건 괜히 아이를 주눅 들게 할 뿐입니다. 생각해 보세요. 학원에서도 보통 교과 지식을 전달하고 문제 풀이에 관한 스킬을 알려 줄 뿐이지 과목별 시간 배분이나 누적 복습, 가용 시간 설계 같은 공부 방법을 세심하게 지도하는 곳은 많지 않아요. 오히려 수학 학원에서는 딱 수학만, 영어 학원은 영어만 고려해서 플랜을 짜고 그게 누적되면 결과적으로 아이에게 불가능한 시간표가 강요될 뿐입니다. 실제로 하루는 24시간인데 다 하려면 27시간이 필요한 스케줄을 짜고 있던 아이도 있었어요. 이건 아이가 게으른 게 아니죠. 모든 과목을 동시에 감당해야 하는 아이 입장에선 누군가 일정을 조율해 주지 않으면 균형을 잡기 어려워요. 어릴 때는 엄마가 어떻게든 해 준다고 해도, 언제까지 그럴 순 없는 노릇입니다. 아이가 스스로 공부하는 방법을 알아야 성적이 올라요.

왜 꼭 중3 이전에 길러야 하는가?

이러한 혼자 공부할 수 있는 힘. 혼공력은 중3 마치기 전까지 반드시 체화해야 합니다. 어떤 전문가한테 물어도 같은 답을 들으실 거예요. 고등학교는 뭘 새롭게 익히는 시기가 아닙니다. 그때부터는 기존에 익힌 능력을 기반으로 성적을 누적하는 거예요. 고1부터 이미 '완성형'이라고 보셔도 됩니다. 고3 돼서 혼공력 키우는 건 쉽지도 않고 비효율적인 전략입니다. 실제로 고등학교에 가서 성적이 눈에 띄게 상승하는 경우는 겨우 2~3%밖에 안 된다는 현장 통계도 있어요. 중3이 사실상 골든타임인 셈이죠. 그렇다고 중3 지났으면 포기하라는 말은 아니에요. 지금 고1이라면 진짜 마지막이라는 마음가짐으로 정말 독하게 혼공 훈련을 시작하세요. 늦었더라도 지금이 가장 빠른 시점이라고 생각하고 의도적으로, 강제적으로라도 훈련하다 보면 늦게나마 생긴 혼공력으로 좋은 결과를 거둘 수 있습니다.

백날 공부해도
시간 조율 못 하면 말짱 도루묵

많은 학부모가 가장 중요한 공부 전략으로 수학 선행이나 영어 노출, 반복 같은 걸 꼽습니다. 하지만 저는 공부법 자체, 특히 과목 간 시간 조율을 스스로 할 줄 아는 능력을 갖추는 게 더 핵심이라고 봐요. 아무리 능력 있는 선생님에게 배워도 아이 스스로 자기 수준을 파악하지 못하고, 그에 따라 시간 조율도 못 할뿐더러 계획도 못 세우면 성적이 잘 나올 수 없습니다. "열심히 했는데 성적이 안 올라요."라고 말하는 아이들 공통점이 바로 그거예요. 혼공력은 단순히 '혼자서 의자에 앉아 공부하는 힘'에서 그치는 게 아니라 주어진 시간을 현실적으로 배분하고, 실천 가능한 계획을 반복하며 만들어지는 역량이라고도 할 수 있죠. 그래서 단번에 기를 수 없고 꾸준히 쌓아야 하는 거예요.

아이에게 성취 경험을 줘야 성적도 오른다

아까 말했듯 아이 혼공력은 혼자서 기를 수 있는 게 아닙니다. 누군가 제일 기초가 되는 '현재 수준 파악'부터 시작해서 차근차근 알려 줘야만 아이가 배울 수 있어요. 혼공력은 혼자서 공부할 수 있는 힘이지만 그 힘을 기르는 건 혼자서 할 수 없어요. 아이를 다른 아이와 비교하며 꾸짖지 말고 초등 고학년부터 중3까지 플래너 작성을 비롯한 학습 루틴 훈련을 시켜 주세요. 혼공력 키우기의 궁극적 목표는 아이에게 '스스로 계획하고 실천해서 성취했다'라는 경험을 갖게 해 주는 거예요. 그 경험은 단순히 성적이 오른 것보다 훨씬 오래 남는 기억이 됩니다. 아이가 스스로 '나는 해낼 수 있는 능력이 있어'라는 믿음을 가지게 하죠. 작은 것부터 차근차근 배워 가며 쌓은 혼공력은 결국 안정적인 성적과 단단한 멘탈로 증명됩니다.

여행 갈 거 다 가면 공부는 언제?
서울대생의 여름방학 학습 루틴

방학은 휴식기가 아니라
몰입을 위한 시기

여름방학이 다가오면 이 시기를 어떻게 보내야 현명하게 보냈다고 소문이 날까 고민하는 부모님들 많으시죠? 가족끼리 유대감도 높일 겸 여행을 갈까, 아니면 잠깐 쉬어 갈 겸 아이가 평소에 하고 싶었다던 활동이라도 좀 시켜 줄까, 여러 생각이 드실 거예요. 어떤 경우든 포커스는 '휴식'에 잡혀 있죠. 하지만 중고등학생에게 여름방학은 단순히 쉬기만 해도 되는 시기가 아니에요. 여름방학은 학기 중에는 도저히 시간이 안 나서 방치만 해 둔 학습 구멍을 메울 수 있는 소중한 몰입기입니다.

제아무리 공부로 날고 기는 학생이라고 해도 어쩔 수 없이 놓치고 지나간 부분, 부족한 부분이 한 곳은 반드시 있게 마련이에요. 그런 부분이 없는 아이라면 애초에 엄마가 전략을 세울 필요가 없죠. 게다가 그런 학습 구멍은 방치하면 점점 더 커집니다. 하지만 학기 중에는 학교 진도 따라가랴, 학원 수업 들으랴, 지금 배우는 개념도 놓치지 않으려면 확실히 익히고 복습하기 바쁜데 학습 구멍까지 채우기에는 시간이 모자라죠. 게다가 같은 방학이라도 겨울방학은 새로운 학년으로 넘어가는 시기라 복습에 많은 시간을 투자하기가 어려워요. 그러니 여름방학이야말로 성적표를 갉아먹는 학습 구멍을 싹 없앨 절호의 기회죠.

물론 놀고 싶겠죠. 사실 엄마도 휴가를 떠나고 싶을 수 있어요. 아이 입시 때문에 덩달아 바쁘고 지치고 힘들고, 주말이라고 마냥 쉬는 게 아니니 '잠깐 여유를 갖는 건 괜찮지 않을까?' 슬그머니 그런 생각이 들 수 있죠. 하지만 휴가를 다녀오면 학습 루틴이 일주일 이상 흐트러진다는 걸 기억하세요. 겨우 일주일이라고 가볍게 생각하시면 안 됩니다. 그게 입시 폭망의 단초가 될 수도 있어요. 여름방학을 평소보다 조금 더 여유롭긴 하되 가능한 한 학습 루틴을 지키며 보내는 시기로 여기시는 게 좋아요.

학습 루틴은 지키고
아이 감정도 달래는 방법

솔직히 아이도 방학에는 너무 쉬고 싶고 다른 집처럼 여행도 가고 싶을 거예요. 그런 아이의 기대를 채워 주지 못하는 걸 미안해하기는커녕 무작정 방학에도 학기 중이랑 똑같이 공부하라고 윽박질러서는 절대 안 됩니다. 여름방학에 여행을 배제하는 대신 아이에게 보상이 될 수 있는 경험을 선물해 줘야 해요. 예를 들어 저는 서울대학교에서 개설하는 다양한 캠프를 많이 신청했어요. 리더십 캠프 같은 범용적인 것부터 각 단과대에서 진행하는 세부적인 캠프까지 프로그램이 다양합니다. 거길 다녀오면 아이가 동기 부여가 바짝 되어서는 오히려 더 집중해서 공부하려고 하더라고요.

방학마다 텐투텐을 꾸준히 시키는 분도 많은데 단순히 공부량을 늘리는 게 아니라 12시간 동안 한자리를 지키는 '엉덩이 근력'을 기르기 위한 훈련으로서 의미가 있어요. 아이가 그런 힘든 걸 따라올 수 있을까, 괜히 지쳐서 퍼지는 건 아닐까 걱정하시는 마음 이해합니다. 물론 아이가 힘들어하는 건 당연하죠. '이제 방학이니 좀 쉬겠구나' 생각했는데 학원에 12시간을 가 있으라고 하면 반항하고 싶겠죠. 그럴 땐 그 힘든 과정을 견딘 보상으로 학기가 시작되기 직전인 8월에 당일치기, 1박 여행이라도 다녀오면서 스트레스를 풀어 줄 필요가 있어요. 그렇게 스트레스를 적정한 수준으로 관리하는 게 오히려 루틴을 지키는 데 도움이 되기도 하고요. 학습 흐름은 지키고 감정적으로는 보상을 줄 수 있으니 일석이조예요.

만약 아이가 정말 너무 견디기 힘들어하고, 꼭 여행을 가야만 하겠다 싶은 경우라면 여행을 가더라도 학교 탐방으로 가시는 걸 추천합니다. 아이비리그 탐방은 비용이 많이 들어서 못 갈 뿐이지 아이에게 휴식도 되고 동기 부여도 어마어마하게 해 줄 테고 가까운 일본의 명문대, 아니면 한국 명문대도 괜찮아요. 이글거리는 학구열과 내로라하는 수재들이 모인 공간의 분위기를 느낄 수 있는 곳이라면 어디든 아이에게 좋은 자극이 됩니다.

부모는 놀러 가면서 아이는 공부하라고?

모든 걸 다 잘하려다 보면 결국 아무것도 제대로 하지 못하게 된다는 말이 있어요. 하나에 집중해서 전문성을 만드는 게 중요하다는 뜻이죠. 아이들 학교생활도 마찬가지예요. 중학생 때까지는 여행이나 직업 체험 같은 다양한 활동을 즐기면서 가능성을 탐색해도 괜찮지만 고등학생이 되는 시점부터는 오롯이 공부에 집중해 성과를 내야 하는 시기라 다른 활동은 의도적으로 끊어 낼 필요가 있습니다. 그리고 이런 집중의 흐름은 아이 혼자서 절대 못 만들어요. 온 가족이 함께 학업 중심의 분위기를 형성해야 해요. 엄마, 아빠는 놀러 가고 아이만 공부시키면 공부가 되지도 않을뿐더러 아이가 부모를 믿을 수가 없죠. 가족 전체가 같은 리듬으로 움직여야 아이도 그 리듬에 발맞출 수 있어요. 그러니 고등학교 입시 3년간은 가족도 수도자가 된 마음으로 여행은 깔끔히 잊고 아이가 공부에 집중하도록 환경을 조성해 주시는 게 좋습니다.

한 달에 최소 300만 원, 윈터 스쿨은 비싸기만 한 시간 낭비?

윈터 스쿨이 뭐길래 이렇게 비쌀까

앞서 여름방학 루틴에 관해 살펴봤지만, 겨울방학도 여름방학 못지않게 고민되죠. 기간이 여름방학보다 더 길기도 하거니와 학년이 바뀌면 배우는 내용도 새로워질 테고 무엇보다 점점 수능이 다가온다는 긴장감이 보통이 아니죠. 그래서인지 많은 부모가 겨울방학 '윈터 스쿨'을 택하곤 합니다. 인기가 많다 보니 겨울방학이 시작하기도 전에 마감되기도 해요. 윈터 스쿨을 보내는 이유는 딱 두 가지예요. 하나는 아이가 자기 주도 학습에 익숙하지 않아서, 다른 하나는 해당 학원 윈터 스쿨 프로그램 내에 포함된 수업을 들으려고.

윈터 스쿨은 말 그대로 학교처럼 아침 8시 반부터 오후 5시까지 수업하고 10시까지 자율 학습을 진행하는 식으로 일정을 짜 놓은 프로그램이에요. 과목은 아이 필요에 따라 선택할 수 있고 점심, 저녁 식사도 일정에 포함되어 있어요. 총비용은 한 달 기준 평균 300만 원에서 400만 원이 들고 수업 수에 따라 조금씩 바뀝니다. 꽤 큰 금액이죠.

방학마다 루틴 무너지는 애들, 엄마 멘탈도 무너진다

사실 평소에 학원 루틴이 잘 잡혀 있고, 아이 스스로 자기 주도 학습을 잘하고 있다면 굳이 윈터 스쿨을 보낼 필요는 없어요. 그런데 학기 중에는 그렇게 잘하다가도 방학만 되면 루틴이 완전히 무너지는 아이들도 있거든요. 아침 9시에 깨워도 "엄마, 5분만…….." 하면서 10시까지도 일어날 기미를 안 보이고, 일어나도 공부 모드로 돌입하기까지 한참 걸리고요. 아이가 그러면 엄마 입장에서는 스트레스가 이만저만이 아니죠. 매일같이 애 깨우고, 싸우고, 불안해하고. 그래서 '누가 나 대신 우리 애 좀 꽉 잡아 줬으면' 하는 마음으로 윈터 스쿨을 보내는 엄마도 있어요. 학원에 맡겨 놓으면 기본적으로 보장되는 것들이 있으니까요. 게다가 아까 말한 것처럼 요즘은 윈터 스쿨도 내 아이 맞춤형으로 커리큘럼을 직접 짤 수 있다 보니 수요가 전보다 더 늘었다고 해요.

다만 모든 엄마가 윈터 스쿨을 선호하는 건 아니에요. 어떤 엄마는 윈터 스쿨이 오히려 학습의 맥을 끊는다고 생각하시더라고요. 윈터 스쿨에 등록하면 기존에 다니던 학원의 반 아이들이나 선생님과 짧게는 한 달에서 길게는 5~6주까지 못 보는 거잖아요? 연결이 완전히 끊기는 거죠. 그러면 윈터 스쿨이라는 새로운 루틴에 적응하기도 마냥 쉬운 게 아닌데 끝나고 다시 기존 학원 루틴에 맞추는 것도 정말 벅차다고 하더라고요. 그런 것 때문에 효과가 떨어진다고 생각하는 분들도 계시긴 해요.

학원 대신 내가 짠다, 엄마표 '팀 윈터 프로젝트'

다양한 장단점이 있지만 여전히 많은 엄마가 윈터 스쿨을 보내고 싶어 합니다. 예전엔 수업 프로그램이 일방적으로 고정되어 있다는 점 때문에 고민하던 엄마들도 이젠 커리큘럼을 어느 정도 직접 짤 수 있다고 하니 슬금슬금 보내 볼까 생각하시는 거죠. 하지만 커리큘럼을 엄마가 직접 짤 수 있다고는 해도 결국 몇 가지로 한정된 수업 내에서 커리큘럼을 짜야 하기 때문에 선택지가 대단히 많다고 보기는 어려워요. 우리 아이가 집중해야 할 과목에만 몰두하기 어렵다는 문제도 있어요. 사실 저희 셋 다 그게 마음에 걸려서 윈터 스쿨을 보낸 적이 없어요. 대신 공대 엄마는 아이의 학습 구멍, 집중이 필요한 과목을 찾고 따로 팀을 꾸려서 '팀 윈터 프로젝트'를 만들었어요. 예를 들어 아이가 수학이랑 물리가 좀 모자라면 비슷한 고민이 있는 아이를 6~8명 정도 찾아서 아이들에게 맞는 커리큘럼을 엄마가 직접 짜요. 그리고 그렇게 아이들을 모으면 그 아이들 엄마에게도 나름대로 '어떤 선생님이 어떤 과목을 어떻게 가르치고 인지도는 어느 정도다' 같은 리스트가 있거든요. 오픈 강좌나 팀 수업 등으로 직접 듣고 평가하기도 하고요. 팀에 모인 엄마들끼리 그런 선생님 리스트를 공유하면서 적합한 강사를 찾는 거예요. 조교 선생님 섭외도 따로 하고요. 수업 시간표도 아침 9시부터 밤 11시까지 과제 시간, 식사 시간 포함해서 빡빡하게 짭니다.

말 그대로 엄마가 직접 설계하는 윈터 스쿨이라고 보시면 돼요. 아이를 중심에 두고 모든 일정과 인적 구성을 배치하는 거죠. 학원처럼 한정된 커리큘럼이 아닌 데다 아이를 중심으로 설계하니 현재 학습 흐름은 그대로 이어 가면서 루틴 적응 기간을 최소화할 수 있다는 게 가장 큰 장점입니다. 물론 엄마의 시간과 에너지가 엄청나게 들어가는 일이긴 해요. 하지만 기존 윈터 스쿨이 조금 부족하다고 생각하시면 이런 방법도 충분히 시도해 볼 만합니다.

윈터 스쿨 학습 효과는
아이 상태와 엄마 설계가 결정한다

하지만 사실 엄마들이 제일 궁금한 건 윈터 스쿨이든 팀 윈터 프로젝트든 굳이 잘 다니던 학원 안 다니면서까지 할 이유가 있는지, 아마 그거겠죠. 확실히 오직 거기 커리큘럼에 들어가 있는 수업 몇 개 더 듣게 하겠다는 이유만으로 윈터 스쿨 보내는 엄마는 못 본 것 같아요. 아이마다 약점도 다르고, 기존에 해 오던 루틴도 다르고, 학원 선생님과의 관계도 다른데 기존 수업 흐름을 끊으면서까지 보낼 만한 확실한 이득이 있냐고 물어보시면, 결국 아이가 현재 어떤 상태인지와 엄마가 얼마나 치밀하게 설계를 하느냐에 따라 갈린다고 말씀드릴 수 있어요. 공부 루틴이 명확하고 어느 정도 레벨도 확실히 쌓인 데다가 엄마도 이후 계획이 분명히 서는 아이한테는 윈터 스쿨이 오히려 독이 될 수도 있어요. 그 안에서 선택할 수 있는 선생님도 한정적이고, 그러다 보면 내 학습 수준에 안 맞는데도 시간을 채워야 하니까 억지로 들어야 하는 수업이 있을 수도 있거든요. 괜히 기존에 쌓아 온 것까지 잃을 수 있다는 거죠.

반대로 루틴이 아직까지 잘 안 잡혀 있고 그러다 보니 엄마로서도 이 아이를 어떻게 해야 할지 감도 안 오고 막막한 상태라고 한다면 효과가 있겠죠. '텐투텐', '자물쇠 반' 이런 것과 같다고 생각하시면 돼요. 셋 다 아이가 학원에서 긴 일정을 꾸준히 소화하면서 학습 루틴을 갖추도록 운영하는 프로그램이기에 잘 안 잡히던 아이 학습 루틴을 잡아 주는 데 효과적이죠. 그러고 나면 엄마도 이전보다 입시 전략을 설계할 여지가 더 생길 거고요. 따라서 무작정 등록하기보다는 내 아이의 상황과 앞으로의 계획 같은 걸 꼼꼼히 따져 보고 판단하시면 윈터 스쿨 같은 프로그램으로 겨울방학을 훨씬 효과적으로 활용하실 수 있을 거예요.

입시 끝나면 비로소 눈에 들어오는 '해 줄걸' 리스트

**고등 엄마들이 제일 많이 하는 말,
"이걸 왜 몰랐을까."**

아이의 입시를 다 치르고 나면 비로소 보이는 것들이 있어요. 입시를 치열하게 치르는 과정에 있을 때는 놓치기 쉬운 것들이죠. 고등학생 엄마들이 정말 많이 하는 말 중 하나가 "이걸 진즉에 알았으면 얼마나 좋았을까?"입니다. 그런데 저는 다들 이렇게 말하면서도 사실 정말로 몰라서 못 해 준 건 아니라고 생각해요. 보통 아이가 중학교 3학년이 되면 엄마들은 본격적으로 입시 공부를 시작하게 되고 온갖 설명회나 입시 전문 채널을 시청하죠. 거기서 이미 다 들었던 얘기지만 직접 몸으로 겪으며 경험한 게 아니라서 그게 얼마나 중요한지 체감할 수 없었던 것뿐이에요. 같은 내용을 들어도 고등학교 3학년 엄마와 중학교 3학년 엄마가 받아들이는 정보, 아이 입시를 위해 짤 수 있는 플랜이 다를 수밖에 없어요. 그게 선배 엄마의 조언이 필요한 이유죠.

알고도 못 해서
대학 문턱에서 좌절하는 경험

우선 국문과 엄마인 저부터 말씀드릴게요. 저는 아이 입시를 치르면서 정말 후회되는 게 구술 면접을 미리 준비하지 않은 거예요. 많은 학부모가 구술 면접이 중요한 걸 안다고 말하면서도 실제로 얼마나 중요한지는 잘 모르고 있는 것 같아서 지금도 안타까워요. 저 역시 그랬던 경험이 있으니까요. 저는 아이 학종을 준비하면서 생기부는 누구보다 잘 관리했다고 자신했어요. 그런데 수시 전형 1단계에 합격하고 나니, 바로 일주일 후가 면접일이더라고요. 그때 눈앞이 깜깜해졌죠. 구술 면접이 있는 걸 알고 있으면서도 왜 준비를 하지 않았을까, 숨이 턱 막혔습니다. 결국 대치동으로 달려가는 수밖에 없었어요. 그나마도 전국에서 대치동으로 몰리는 시즌이라 등록도 쉽지 않았어요. 겨우 등록하고 하루 4시간씩 5회 강의를 들을 수 있었죠. 그런데 구술 면접도 엄연히 시험인데 그렇게 벼락치기로 공부한다고 실력이 늘 수는 없다는 걸 기출문제를 보고 알게 됐어요. 저 자신이 얼마나 한심했던지요. 결국 아이가 면접에서 떨어지고 나서야 제가 입시의 큰 그림은 물론이고 아이의 부족한 부분을 다 파악하지 못했다고 생각하게 됐어요.

저는 이 경험으로 구술 면접의 중요성은 물론이고 무엇을 어떻게 미리 준비해야 하는지 더 철저하게 공부하게 되었어요. 그런데 요즘도 너무 많은 학생, 학부모가 구술 면접에 꼼꼼히 대비하지 않는 것 같아요. 고교학점제가 시행되면서 이전보다 면접이 더 중요해졌는데도 말이죠. 면접을 자기 활동에 관해 묻거나 인성이나 태도를 파악하는 시험으로 생각하는 경향이 강해서 그런 것 같아요. 하지만 추천 전형이 아닌 일반 전형의 구술 면접은 대부분 수능처럼 미리 준비해야만 통과할 수 있는 시험입니다. 그러니 앞으로 더더욱 중요해질 구술 면접을 고등학교 때 반드시 대비하셔야 해요. 구술 면접 문제는 고등학교 교육 과정 안에서 출제되는데, 학과별로 어떤 과목에서 어떤 내용이 출제되는지 다 공개하고 있습니다. 이 자료를 미리 읽어 보면 고등학교 재학 중에 충분히 구술 면접을 대비할 수 있어요.

입시 전형,
내가 아는 게 전부라고 생각했다면 의대 못 보냈다

서울대 의대 엄마는 원서 전형을 상상하는 것 이상으로 꼼꼼히 공부하고 어떤 경우에도 흔들리지 않을 수 있게 준비하라고 말해요. 아이가 전교 1등으로 졸업했기 때문에 당연히 지역 균형으로 지원할 수도 있었는데 일반 전형으로 의대 합격을 거머쥔 분답게 최후의 최후까지 고민을 거듭하셨거든요. 여태까지 쌓인 사례를 살펴보면 지역 균형 전형으로 들어가는 게 합격 가능성이 더 높다고 생각하기 쉬운데 아이의 서류에 따라서 일반 전형이 더 유리할 수 있다는 걸 날카롭게 파악했죠. 물론 자사고나 특목고 수준으로 학교 활동을 깊이 있게 했다는 자신감도 있으셨고요. 물론 아무리 그래도 지역 균형을 포기하는 건 쉽지 않으셨대요. 그렇지만 워낙 성적이 좋은 학생들이 많은 소위 '갓반고'였다 보니 전교 1등임에도 1점대 초반의 내신 성적이 나올 수가 없는 구조라 고민이 더욱 커졌다고 해요. 지역 균형 전형은 생기부와 면접, 수능 최저 등급을 요구했고, 일반 전형은 생기부와 다중 미니 면접(MMI)을 요구하는 상황이었는데 MMI는 지역 균형 면접에 비해 더 많은 준비가 더 필요한 상황이었대요. 결국 아이와 고민에 고민을 거듭한 끝에 일반 전형으로 지원하고 안 되면 정시로 가겠다고 결심하셨는데 다행히 일반 전형으로 합격해 좋은 결과를 얻을 수 있었어요.

사실 입시를 준비하는 동안에는 공부와 성적에 집중하느라 원서를 어떤 전형으로 어디에 어떻게 쓸지 생각을 안 하는 엄마들이 꽤 많아요. 전형은 고3이나 되면 생각해 볼 일이라고 여기는 분도 계시죠. 사실 아예 틀린 말은 아니에요. 추천 전형을 택할지 일반 전형을 택할지에 대한 구체적인 고민은 3학년 1학기까지의 결과가 다 나와 봐야 명확해지기 때문이죠. 그러다 보니 좀 더 그림이 그려질 때 생각하자고 미뤄 두는 겁니다. 하지만 의대 엄마의 경우에서 본 것처럼 전교 1등이라고 해도 입시에서 확실한 건 아무것도 없어요. 매 학기, 매년 지원할 학교 리스트를 만들어서 지원 조건과 전형 요소 등을 정리하지 않으면 위기가 닥쳤을 때 대처할 수가 없어요. 엄마가 혼란스러워할 정도면 아이는 완전히 '멘붕'이죠.

모든 전형을 대비하라는 게
모든 걸 다 하라는 말은 아니다

한편 서울대 공대 엄마는 모든 전형에 대비는 하되, 집중할 전형을 정하는 게 중요하다고 말하죠. 전국 단위 자사고 외대부고를 다니다 보니 내신 받는 게 만만치 않았다고 하는데, 입시에서 내신의 비중이 적지 않잖아요. 하지만 아이 내신이 아예 포기할 정도는 아니어서 고등학교 3학년 내내 끝까지 놓지 않고 가져가려고 하셨어요. 그러다 보니 자연히 아이가 어마어마한 공부량을 소화하느라 너무 힘들어했대요. 물론 그런 노력 끝에 현역 때 수시 전형에서 합격했지만 만족할 정도의 결과는 아니었다고 해요. 결국 대학 등록을 포기하고 재수를 선택했죠. 그렇게 강남 대성학원에서 1년 더 공부한 끝에 수능에서 딱 3개만 틀려 서울대와 의대에 동시 합격하는 쾌거를 거두었어요.

공대 엄마가 아직도 아쉬워하시는 건 그때 전략을 잘 세워서 조금 더 일찍 선택과 집중을 했더라면 재수까지 가서 아이를 1년 더 고생시키지 않고 현역에서 충분히 같은 결과를 낼 수 있었다는 점이에요. 대학 입시 전형을 종류별로 살펴보면 어느 것 하나 쉬운 게 없습니다. 학종은 학종대로 수능은 수능대로 논술은 논술대로 각 전형마다의 어려움이 있고 무엇 하나 쉽게 해낼 수 있는 공부가 아니잖아요. 그에 반해 아이들의 시간은 한정되어 있기 때문에 조금 더 일찍 현실을 직시하고 체계적인 전략을 세우는 것이 정말 중요하다고 생각해요. 다양한 전형에 대비는 하되 집중할 전형을 정해 좀 더 면밀히 준비하는 자세가 필요합니다. 고등학교 3학년까지 가서 모든 상황을 경험한 후에 그때부터 준비하는 건 너무 힘들죠. 게다가 이제 고교학점제 이후로는 수능 100% 전형이 없어질 것으로 예상되기 때문에 그마저도 힘든 일이 되었으니 더더욱 선택과 집중이 필요하다고 생각해요.

3장

독서 지도만 잘해도 서울대 보낼 수 있는데 왜 안 하세요?

억지로라도 읽히면 장땡?
아이 국어 정서 망가뜨리지 않는 방법

문·이과, 의대를 초월하는
공통점

서울대 국문과, 공대, 의대 세 아이는 서로 성향이 확실히 다르지만 그런 차이를 뛰어넘는 공통점이 있어요. 바로 초등학교 때부터 꾸준히 독서를 즐겼다는 거예요. 엄마표 독서 지도부터 논술 학원, 지역 독서 프로그램 참여 등 오랜 시간 책과 친해지는 경험을 했어요. 독서를 즐긴다고 해서 다 공부를 잘하는 건 아니지만 공부를 잘하는 아이치고 독서를 싫어하는 아이는 없죠.

저는 엄마표 독서 지도를 활용한 게 아이가 서울대 국문과에 가는 데 결정적이었다고 생각해요. 뭘 가르쳐야겠다고 마음먹거나 어떤 프로그램을 활용했다기보다 그냥 아이와 수다를 많이 떨었어요. 특히 아이가 겪은 일상적인 사건에 관심이 매우 많았는데요. 오늘 학교에서 무엇을 배웠는지, 아이가 친구와 나눈 대화, 읽은 책 등등 아이의 모든 경험이 대화의 소재가 되었죠. 대화할 때 저는 아이가 어떤 상황을 설명하는 방법에 주목했어요. 책을 읽고 줄거리를 말하거나 학교에서 배운 내용을 얘기할 때도 명료하게 정리하여 전달하는지를 살폈죠. 아이가 하는 얘기가 무슨 말인지 모를 때는 꼬치꼬치 캐물으면서 이야기를 이어 가게 했어요. "예를 들면 어떤 게 있을까?", "이 단어의 뜻이 뭐야?", "만약에 네가 그 친구의 상황이라면 어떤 기분일까?"처럼 예시, 개념 설명, 추론 같은 설명 방식을 엄마와의 대화 속에서 자연스럽게 체화시키려고 애썼던 것 같아요.

독서는 단순히
국어 성적만을 위한 게 아니다

서울대 공대 엄마는 외국 생활을 했기 때문에 아이가 국어에 약할까 봐 내심 걱정이 많으셨어요. 그래서 어렸을 때부터 독서 논술과 스피치, 토론 학원에 보냈죠. 수학을 좋아하고 잘하는 편이지만 최상위권 이상의 극상위권까지 가려면 결국 언어 능력이 뒷받침되어야 한다고 생각하셨거든요. 그런데 그게 정말 잘한 결정인 거 같아요. 기본적으로 독해력이 받쳐 주니까 그게 전 과목 공부에 영향을 미쳤기 때문이에요. 특히 아이가 고학년 때 수학 심화, 선행 학습을 할 때도 많은 문제를 읽어 내는 능력이 남다르더라고요. 이과는 국어가 약하다는 편견이 있는데 오히려 국어가 강점인 아이가 됐죠. 내신과 수능에서 국어 성적도 좋았고요.

서울대 의대 엄마는 아이가 어렸을 때부터 독서광이었다고 얘기하세요. 어떻게 지도했는지 물어보니 워킹맘이었기 때문에 옆에 끼고 가르치지는 못했지만, 대신 아이가 하는 말을 잘 들어 주었던 것 같다고 하시더라고요. 앞선 경우와 비슷하죠. 그리고 아이가 그렇게 신나서 말을 하면 그 얘기를 들으면서 질문을 많이 했다고 해요. 아이를 평가하려는 의도가 아니라 정말 궁금해서 하는 질문이요.

그렇게 아이가 책을 워낙 좋아하니까 뭘 좀 시켜 볼까 생각하던 중에 동네 교회에서 운영하는 독서 토론 프로그램이 있다고 해서 반가운 마음에 등록하셨대요. 그런데 애가 거기 가는 걸 너무 좋아한 거죠. 아마도 엄마랑 질문하고 대답하는 것만으로는 약간 아쉽게 느껴졌나 봐요. 거기를 몇 년 다니면서 독서록 쓰기, 독서 토론, 발표 같은 표현력을 요구하는 활동에도 자신감이 생긴 건 물론이고요. 또 과학을 좋아해서 과학 책을 많이 읽혔는데, 하나의 책을 읽으면 시키지 않아도 연계된 내용의 책을 찾아서 읽었다고 하더라고요. 아이가 입시 내내 독해력과 작문 실력이 좋았던 게 전부 책 속에 풍덩 빠져서 즐겼던 시간 덕분이 아닐까 생각해요.

그런데 특히 초등 시기의 독서 지도가 중요한 이유가 있어요. 초등 고학년이 되면 과목마다 공부량이 갑자기 늘어나잖아요. 4학년부터는 암기할 것도 많아서 사회 같은 경우는 정말 무시무시하게 늘더라고요. 그래서 그런지 4학년부터 사회 포기하는 아이들 정말 많이 봤어요. 과학도 마찬가지예요. 알아야 할 개념이 너무 많거든요. 읽고 이해하고 요점을 잡는 능력이 안 받쳐 주면 그때부터 공부가 싫어지고, 책상에 앉아 있어도 효율이 급격히 떨어지는 것 같아요. 그래서 아이가 공부에 집중을 못 한다면 독해력이 낮은 것은 아닌지 꼭 체크해 봐야 해요.

물론 학원에 보내면 알아서 해결될 일이라고 생각하시는 엄마들이 있을 수 있어요. 하지만 추후 아이가 마주하게 될 고등학교 공부는 사실 독해와 작문의 정확성, 속도가 정말 중요하잖아요. 주어진 시간 안에 누가 얼마나 빨리 정확하게 하느냐의 싸움이고요. 저는 그 바탕을 학원에 잠깐 보내서 만들 수 있다고 생각하지 않아요. 중고등학교 때 문제 풀이 기술이나 독해의 요령을 배울 수는 있지만 결국 초등학교 때부터 꾸준하게 쌓은 독서력이 없으면 흔들리지 않는 1등급까지 가는 것은 쉽지 않죠. 이건 단순히 국어 성적만을 말하는 게 아니에요. 서울대 의대 엄마도 의대 합격의 비결 중 하나로 '수학과 과학에만 치우치는 공부를 하지 않은 것'을 꼽았거든요. 어렸을 때부터 숫자 못지않게 책과 친하게 지냈던 경험이 전 과목을 잘 관리할 수 있었던 비결인 셈이죠.

억지로 시키면 효과는 반감, 관계도 반쪽

그런데 학원에서 안 된다고 엄마가 억지로 앉혀 놓고 책을 읽히면 독서력이 저절로 쌓일까요? 천만의 말씀이에요. 의대 엄마는 아이가 호기심이 많아서 꼬리에 꼬리를 무는 독서를 했다고 하셨죠. 그때 동화책이나 과학책을 읽으면서 모르는 어휘가 나오면 사전에서 찾아보고 한자의 의미도 풀어서 이해하는 습관을 들였다고 해요. 수학이든 과학이든 문제 풀이 위주로만 시키는 것보다 책과 연계해서 공부로 이어지는 연결 고리를 만들어 주는 게 훨씬 효과적이죠. 국어 실력이 상승하는 건 말할 것도 없고요. 중요한 건 '억지로 시키지 않는 것'입니다. 아이가 엄마와의 대화, 책 읽기, 설명하기를 즐거워하도록 엄마가 환경을 만들어 주는 게 중요해요. '이거

다 너 좋으라고 시키는 거야'라고 말했을 때 아이가 그걸 납득하고 고분고분 말을 들으면 무슨 걱정이 있겠냐마는 모든 아이가 그렇진 않잖아요. 그러면 엄마가 먼저 물꼬를 터 줄 필요가 있죠. 게다가 중학교만 가더라도 이런 돈독한 시간을 보내는 건 꿈도 못 꿔요. 교과 공부만으로도 시간이 너무 모자라기 때문이죠. 그러니 초등 저학년 시기만이라도 스펙을 쌓는 차원이 아니라 즐겁게 여유를 가지고 하는 공부를 할 수 있게 해 주세요.

국어, 엄마가 이렇게 안 하면
집 열 채를 팔아도 성적 안 오른다

국어는 집 팔아도 안 된다?
엄마가 이렇게만 하면 집 안 팔아도 된다

그런 말 많이 들어 보셨죠? '집을 팔아도 안 되는 게 국어다'라는 말이요. 학원비가 집값만큼 들어가도 실력 향상이 쉽지 않다는 얘긴데, 요즘은 한술 더 떠서 다시 태어나는 거 말고는 방법이 없다고도 합니다. 우리나라 학생들의 국어 실력이 추락하고 있다는 뉴스도 심심찮게 들려오죠. 제 아이는 서울대 국문과를 졸업하고 현재 변호사입니다. 국어 성적만큼은 걱정해 본 적이 없어요. 이렇게 말하면 다들 저한테 그러시더라고요.

"아니, ○○이 엄마는 ○○이 국어 공부를 어떻게 시킨 거야?"

저렇게 국어를 잘하는 걸 보면 남들과 다르게 뭔가 특별한 걸 시킨 게 분명하다고 생각하시나 봐요. 하지만 사실 저는 남들 다 보내는 독서 논술 학원을 보내거나 하다못해 국어 학습지를 풀게 한 적도 없거든요. 중학교 3학년이 되고서야 지인이 운영하는 학원에 1년 정도 다닌 게 전부예요. 그런 제 아이가 모의고사 고득점을 이어 가다 수능에서도 국어를 만점 받고 국문과까지 간 비결은 무엇일까요? 저는 그 뛰어난 국어 실력의 바탕은 단연코 '마더텅'에 있다고 생각해요.

말장난에서 노래 가사까지, 일상 속 국어 공부의 중요성

마더텅은 직역하면 '어머니의 혀'라는 말이지만 실은 모국어를 뜻하는 단어죠. 사고의 바탕이 되는 언어, 처음 배우는 말을 모국어라고 할 정도로 아이에게는 엄마의 말이 갖는 영향력이 커요. 엄마의 언어가 곧 아이의 언어가 되는 거고, 따라서 엄마의 언어의 한계가 아이의 언어의 한계가 되는 거죠. 저는 어릴 때 딸과 일부러 말장난을 즐겨 했어요. 언어유희는 사실 그냥 농담하면서 노는 게 아니라 굉장히 고차원적인 언어 활동이에요. 아이는 그냥 재미있게 노는 걸로 느끼지만 자기도 모르게 내면에서 기초적인 언어 실력이 차곡차곡 쌓이고 있는 거죠.

게다가 저는 중고등학생들에게 국어를 가르친 적도 있습니다. 그러다 보니 자연스레 이 시기에 요구되는 언어 역량에 대해서도 잘 알고 있었죠. 산문, 운문, 비문학, 문법, 어휘 등 머릿속에 제 나름대로 정리된 체계가 있었으니 같이 노래를 들을 때도 가사의 내용, 리듬과 운율 같은 주제로 딸하고 신나게 수다를 떨었어요. 운율은 중학교 때 배우는 개념이라 어릴 때 그걸 정석대로 설명해서 알아듣게 할 수는 없지만 아이가 '아, 이런 건가?' 하고 감을 잡을 정도로는 설명할 수 있거든요. 예를 들어 "자, 가사가 여기도 '다'로 끝나고 저기도 '다'로 끝나지. 그러면 비슷한 발음이 여러 번 나오면서 리듬이 생기는 거야. 앞에 가사가 '다'가 아니라 '요'로 끝났으면 어떨까? 네가 한 번 바꿔 볼래?" 이런 식으로 아주 정확한 설명은 아니어도 놀이를 통해 근사치까지 설명해 주면 아이의 언어 능력은 수직으로 상승합니다.

또한 아이의 말 하나도 허투루 놓치지 않아야 해요. 언어 능력이 공부로서의 국어 과목에 바탕이 되고, 어릴 때는 스펀지처럼 모든 걸 쏙쏙 흡수하기 때문에 아이의 질문 하나, 혼잣말 하나까지 다 귀

기울여 듣고 차근차근 쉽게 설명해 줘야 해요. 저희 세대는 가곡을 듣곤 하잖아요. 하루는 딸이랑 드라이브 가면서 〈성불사의 밤〉을 틀어 놓았더니 딸이 이렇게 말하더라고요.

"엄마, 왜 이렇게 슬픈 노래를 들어?"

'성불사 깊은 밤에 그윽한 풍경 소리' 이런 가사가 이어지니까 그렇게 생각한 거죠. 슬프고 축 처지는 기분이 든다고 하더라고요. 또 애들이 듣기엔 약간 지루하게 느껴질 수도 있었겠죠. 그래서 제가 이 노래 가사가 사실은 시라고 차근차근 설명해 줬어요. "성불사라는 절이 있고 거기 밤이 깊었는데 마침 풍경, 바람 불면 딸랑딸랑 좋은 소리 나는 게 흔들거리고 있는 거야."라고 말했더니 아직 감이 잘 안 왔나 봐요. "'주승은 잠이 들고 객이 홀로 듣는구나' 그러니까 스님은 잠들었는데 거기 지나가다 들른 객, 손님이 잠을 안 자고 혼자 그 풍경 소리를 듣고 있다는 내용인 거지."라고 하니까 이제 좀 뭔가 머릿속으로 이미지처럼 그려지기 시작하는지 고개를 끄덕이더라고요. "'저 손아 마저 잠들어 혼자 울게 하여라' 이제 밤이 깊어서 손님도 잠들고 풍경만 혼자 바람에 흔들리는 거야. 눈감고 그 모습을 상상해 봐."라고 하니까 애 표정이 환해지면서 시 금방 외울 수 있을 것 같다고 좋아했어요. 그러더니 잠깐 뒤에 정말로 가사를 그대로 외우더라고요. 머릿속에 이미지로 한 번 새겨 놓고 나니까 수월했던 거죠.

문학으로 이어지는
자연스러운 연결 고리를 만들어라

 이런 경험을 해 본 아이는 이후로도 엄마에게 수시로 이거 설명해 줘, 저거 알려 줘, 끊임없이 부탁하게 되죠. 그러면 저는 얼마든지 대답해 주고, 또 재미있게 수다 떨듯이 알려 줬어요. 중학교에 가게 되면 본격적으로 시를 배우잖아요. 김소월의 〈진달래꽃〉이니 이육사의 〈광야〉니 본격적인 내용이 나오기 시작하는데, 이것도 같은 방식으로 접근하면 아이가 어려워하지 않아요. 예를 들어 〈진달래꽃〉은 반어법이 핵심이죠. "나 보기가 역겨워 가실 때에는 말없이 고이 보내 드리"겠다고 했고, 보내 드리는 그 길에 꽃을 뿌려 놓겠다고 하는 슬픈 시죠? 꽃을 뿌릴 텐데 그걸 밟고 떠나도 "죽어도 아니 눈물 흘리"겠다고 하는 게 표면적인 내용이지만 아이에게 상황을 한 번 이미지로 떠올려 보자고 해 보세요. '님'이 떠나시는 그 길에 산까지 오르면서 애써 따 온 분홍빛 진달래꽃을 뿌려 놓았는데 과연 꽃잎을 밟으며 떠나는 모습에 눈물이 안 날 수가 있을까요? 말하는 것과 실제 태도가 모순되는 건데 그게 바로 반어법이라고 아이에게 수다 떨듯 말해 주는 거예요. 자연스럽게 개념을 익히는 방법이죠.

 문학으로 바로 들어가기가 어려울 것 같으면 제가 그랬던 것처럼 대중가요 가사 같은, 아이들이 재밌어할 만한 것부터 차근차근 시작하는 것도 방법이에요. 제 아이가 어릴 땐 김현정의 〈멍〉이 유행이었는데 아무래도 가요니까 가사 내용도 훨씬 이입하기 쉽고 현대적인데 그 속에도 시적 화자가 분명히 있어요. 사랑하는 사람에게 실연당한 화자가 있죠. 그런 식으로 시작해서 자연스럽게 문학과 연결하시면 돼요. 예를 들면 〈멍〉의 화자와 〈진달래꽃〉의 화자 둘 다 연인에게 실연당했다는 공통점이 있는데 대처 방법은 전혀 다르죠. 그런 걸 엄마 나름대로 재미있게 설명하려고 애쓰면 아이는 틀림없이 흥미롭게 들을 거예요.

말하기, 쓰기, 기본에서
최고의 비문학 공부 방법을 끌어내라

문학은 그런 식으로 어릴 때부터 물꼬를 터 준다고 하면, 비문학은 어떻게 해야 할까요? 비문학은 문학이랑 반대로 가야 합니다. 엄마가 아이에게 설명해 주는 게 아니라 아이가 엄마에게 설명하게 해야 해요. 아이들 어릴 때를 생각해 보세요. 애들은 기본적으로 세상에 대한 호기심이 무궁무진한 데다가 뭔가를 배우면 그걸 꼭 누군가한테 설명하고 싶어 해요. 책을 읽거나 친구한테 듣거나 수업

때 배우거나 한 것들을 저한테 얘기하기 시작하면 저는 딱 두 가지만 했어요.

첫 번째, 약간 어리숙한 척을 했어요. 사실 저희가 기존에 알고 있는 지식은 낡은 지식일 확률이 높죠. 생활 속에서 자주 쓰이는 게 아니고서야 한 번 배우고 따로 업데이트할 일이 없으니까요. 그러다 보니 애들이 배운 게 더 정확할 때가 많아요. 그럴 때 아이가 설명하려는 것에 관해 내가 알고 있더라도 약간 어리숙한 척을 하면 아이는 '나한테 항상 뭘 가르쳐 주던 엄마에게 내가 뭔가를 알려 준다'라는 새로운 자극에 신나서 열심히 설명하게 됩니다. 그리고 뭔가 조립하거나 가전제품을 사거나 하면 설명서는 무조건 아이가 읽고 저한테 설명하게 해요. 이러면 아이는 '엄마는 귀찮다고 매번 날 시켜'라고 생각할지언정 공부라고는 여기지 않아요.

두 번째, 무척 열심히 들어야 합니다. 아이가 신이 나서 설명해 주는데 엄마는 정작 옆에서 시큰둥하게 휴대폰 보면서 대충대충 어어, 이렇게 대답하면 아이가 시무룩해지지 않겠어요? 내가 이미 아는 것이라도 지식을 업데이트한다고 생각하고 아이의 말에 귀를 기울여 주세요.

그리고 쓰기는 말로 하던 설명을 글로 적는 거라고 설명하고 아이가 납득하게 하면 일기처럼 귀찮아하면서 쓰지 않아요. 혹은 일기에 감정이나 사생활 대신 그날 엄마한테 설명해 준 거나 그날 읽은 책에서 재밌었던 내용 같은 걸 쓰게 하면 아이가 훨씬 더 수월하게 일기를 쓰고 나중에 보여 주는 것도 꺼리지 않아요. 이렇게 말로 했던 걸 쓰기로 전환하면서 지식이 자연스럽게 체계를 갖춰서 정리되고 그 과정에서 정보의 위계를 조직하는 법을 자기도 모르게 익히는 거죠. 요즘처럼 학교에서 의무적으로 일기를 써 오게 하지 않는 환경에서는 엄마가 먼저 신경 써서 일기 쓰기를 독려하는 게 좋습니다. 그것만 해도 아이의 비문학 독해를 위한 기초가 반듯하게 닦일 거예요.

고등학교 국어 성적을 결정하는 가장 중요한 시기는?

초등 시기에 국어 버리면
12년 내내 후회한다

많은 부모님이 초등 시기에는 수학과 영어에 집중하시죠. 그러다 보면 자연스레 국어에 빈틈이 생기기 마련입니다. "초등 땐 그냥 책만 읽히면 국어 공부 끝 아닌가?"라고 오해하기도 하죠. 하지만 고등학교 국어까지 염두에 둔다면 초등 시절부터 체계적으로 접근해야 합니다. 왜냐하면 초등 시기야말로 국어 실력을 기르는 데 가장 중요한 '골든타임'이기 때문이죠. 고등학교 국어 성적의 밑바탕이 되는 국어 감각은 단기간에 쌓이지 않아요. 초등 때부터 시작해서 차근차근 축적하는 시간을 가져야만 하죠.

국어를 전공한 경험을 토대로 말씀드리자면 초등학교 국어 교육 과정 안에는 이미 여러 장르가 다 포함되어 있어요. 엄격하게 문학과 비문학으로 나누지 않은 채로 우선 많은 글을 스펀지처럼 흡수하게 하려는 거죠. 다양한 글을 읽히는 건 우선 아이의 적성을 찾을 수 있다는 장점이 있어요. 초등학교 때는 문과, 이과 나눠서 가르치지 않잖아요. 그러니 아이의 관심이 어디에 있는지 알려면 아이가 어떤 분야의 글에 관심을 두는지 파악하셔야 합니다. 서울대 의대 엄마도 아이가 유독 과학 분야에 관심을 보이는 걸 알아채고 그런 책을 더 많이 읽힌 게 의대 진학의 디딤돌이 되었다고 하잖아요. 여기서 차이가 발생하는 거죠. '그냥 책만 읽히면' 되는 게 아니라 아이가 먼저 읽고 싶어 할 만한 책을 부모가 골라 줘야 아이 국어 감각이 자라고 적성도 찾을 수 있어요.

많이만 읽으면 그만?
구조화된 독서 경험은 필수

저도 다양한 글을 많이 읽히되, 좋아하는 분야를 찾아 주라는 말에 백번 동의해요. 제 아이가 서울대 국문과고 국어 실력으로는 탑인데, 이 최상위권 국어 실력의 바탕은 다양한 글을 많이 읽히는 독서 지도에서 나왔다고 확신해요. 꾸준히 독서 지도를 하다 보면 아이가 어느 순간엔가 '어? 과학책은 약간씩은 다르지만 다들 이런 식으로 글을 쓰네?' 하고 다양한 글의 구조가 자연스럽게 눈에 보이기 시작하는 순간이 찾아옵니다. 그러면 독서가 훨씬 더 유익하고 즐거워지죠. 또한 구조 파악이 끝나면 글을 읽는 속도도 무시무시하게 빨라집니다.

심지어 아이가 조금 자라면 엄마보다도 글을 더 빨리 읽고 파악해요. 어떻게 그렇게 빨리 읽냐고 물으면 "구조가 뻔하잖아." 이렇게 답할 정도로요. "이 글은 설명문이니까 이 단락부터 여기까지가 핵심이고 거기서도 중심 문장을 쏙쏙 골라서 읽으면 빨리 읽을 수 있어." 이렇게 말하는데, 그게 바로 고등학교에서 비문학 지문을 독해하는 법이잖아요. 고등학교 때 국어가 어려운 이유 중 하나가 문제 읽고 출제 의도 파악하는 것부터 지문 내용 파악하는 것까지 시간을 분배하는 게 쉽지 않다는 건데, 지문을 읽는 속도가 남들의 배로 빠르면 어떻게 될까요? 지문 파악에 시간 다 뺏기고 급하게 푸느라 실수할 확률이 절반으로 줄어들겠죠. 초등 때부터 열심히 학원 보내고 독해 훈련시킨다고 고등학교 지문 가져와서 읽힐 필요가 하나도 없어요.

수다와 대화가
언어 실력의 핵심이다

　아이가 구조화를 잘 못하는 것 같으면 우선은 말로 정리하는 것부터 시작하는 게 나을 수 있어요. 앞서 국어 공부의 핵심을 설명할 때도 말하기에서 쓰기 순서로 진행했듯이 읽고 쓰는 것 이전에 말로 생각을 정리하면 한결 수월하거든요. '공부를 시킨다', '국어 실력을 키워 줘야 한다' 이렇게 생각해서 긴장하면 아이도 덩달아 긴장하게 되니까 그냥 가볍게 수다를 떤다고 생각하세요. 동화나 어린이 교양서를 읽히고 아이에게 툭 던지듯 물어보는 거예요. "○○야, 그 책 내용이 뭐야? 주제를 어떻게 설명하고 있어?" 아이가 잘 대답하지 못하면 엄마가 먼저 이끌어 줘도 됩니다. "아, A라는 주제를 ○○한테 설명해 주고 있는 거구나. 그러면 그건 설명문이겠네?" 그렇게 이끌어 주면 아이는 자연스럽게 '아, 이런 식으로 쓰는 걸 설명이라고 하는 거구나', '이런 글은 설명문이구나' 하고 알게 되고, 점점 글의 구조까지 눈에 익히게 됩니다.
　이 과정에서 무엇보다 중요한 건, 이게 공부라는 생각에 사로잡혀서 아이의 흥미를 경시하면 안 된다는 거예요. 아이가 먼저 엄마한테 말해 주고 싶어서 안달이 날 정도로 재미있는 시간으로 만들어 줘야 합니다. 그렇게 생각이 오가는 과정 자체가 곧 아이에게 교육이 돼요. 이런 게 공부가 되나 의심하실 수도 있지만 수학처럼 정답이 분명한 과목과는 공부 방법도 다르다고 생각하셔야 합니다.

국어 교재 고르는 특별한 기준

그런 의미에서 저는 국어 공부의 경우, 교재 고르는 기준도 수학이나 영어와는 달라야 한다고 생각합니다. 문제의 수준이 적절한지, 구성은 어떤지도 물론 중요하지만 제일 중요한 건 '얼마나 다양하고 풍부한 지문이 있느냐'입니다. 특히 비문학 교재는 언어, 인문, 사회, 문화, 경제, 과학 등 다양한 분야의 지문을 고루 갖추고 있어야 해요. 그래야 독해력의 균형을 잡을 수 있거든요. 또 지문 자체가 흥미로워야 아이가 엄마와 수다 떨듯 공부하기 좋죠.

문학 교재도 지문 구성이 중요합니다. 교과서는 작품의 일부만 발췌해서 수록하는 경우가 많다 보니 아이들이 문학을 완성된 작품으로 경험하지 못하는데 문제집 중에 작품을 완독할 수 있도록 구성된 것들이 있어요. 한 작품을 발췌독하지 않고 완독하게 되면 아이가 '문학이 너무 모호해서 싫다', '봐도 무슨 말인지 잘 모르겠고 어렵다' 이렇게 말하지 않아요. 문제 풀이에 필요한 부분만 발췌하니까 당연히 모호하고 무슨 말인지 모를 정도로 어렵죠. 기승전결, '발단-전개-위기-절정-결말'의 구조를 갓 접한 아이들에게 토막글만 던져 주고 문제 푸는 것부터 연습을 시키면 문제 풀이 스킬은 억지로 늘릴 수 있을지 몰라도 어떤 경우에도 흔들리지 않는 국어 실력을 기를 수는 없어요. 작품을 통째로 완결성 있게 읽어야 '아 감정이 이런 방식으로 유추되는 거구나' 하고 패턴을 익힐 수 있고 그게 점점 훈련될수록 발췌된 부분만으로도 그런 추론이 가능해져요. 그러니 가능한 한 문학 교재도 한 작품을 완독할 수 있거나 최소한 지문 분량이 긴 것으로 택하는 게 좋아요.

초등 고학년 때
특별히 케어해야 하는 이유

교육부에서 고교학점제 시행 이후로 문해력 향상을 위해서 국어 시수를 늘리겠다고 발표했죠. 당연히 서술형과 논술형 문제가 더 늘어날 가능성도 생각해야 합니다. 그런데 중학교 가고 나면 영어, 수학 같은 필수 과목 학원을 안 다닐 수도 없는데 국어 학원까지 다니기엔 물리적으로 시간이 없을 거예요. 초등 시기가 골든타임이라고 말한 것도 그러한 사정을 잘 알기 때문이에요. 특히 초등 고학년 때야말로 엄마가 국어 교육에 깊이 개입할 수 있는 최적의 시기입니다. 그리고 대화가 늘어나면 국어 기초가 쌓이는 동시에 아이와의 관계도 더욱 친밀해지니 일석이조라고 할 수 있죠. 그러니 아이 고등학교 국어 성적은 물론 가족의 화목을 위해서라도 꼭 초등 시기의 국어 교육을 놓치지 마시기 바랍니다.

서울대생도 고난도 킬러 문항 잡으려고 '이것'까지 했다

중등 국어,
학년이 오르면 엄마도 바뀌어야 한다

 국어 교육의 핵심은 무엇일까요? 제 아이가 수능 국어 만점에 서울대 국문과 학생인데, 그처럼 국어 실력이 특출난 아이를 기르면서 느낀 건 결국 개념 정리 없이는 아무것도 안 된다는 점이에요.
 사실 제 아이는 초등 고학년 때부터 이미 문학에 관심을 가지고 있었어요. 계기는 단순합니다. 요즘 아이들은 사춘기도 저희 때보다 훨씬 이르게 온다고들 하죠? 외모에 관심이 생기는 동시에 처음으로 얼굴에 여드름이 올라오니까 외모에 불만도 많았고 괜히 그것 때문에 따돌림당하는 건 아닌지 저도 덩달아 걱정하기도 했어요. 그때 아이가 너무 위축된 거 같아서 제가 그냥 툭 한마디 했죠. "싱클레어 아니?《데미안》보니까 딱 너 같은 애 있더라." 평소에도 책을 안 읽는 아이가 아닌데 '나 같다'라는 말에 꽂힌 건지 그 책을 읽고는 완전히 빠져 버렸어요. 모르긴 몰라도 아마 고등학교 졸업할 때까지 열 번도 넘게 읽었을 거예요. 그 후로 헤르만 헤세 전작을 다 읽고 심지어는 메신저 프로필도 헤르만 헤세로 바꾸질 않나. 영어 판본까지 읽을 정도로 깊이 빠졌죠. 그러면서 자연스럽게 문학 감수성이 깊어진 것 같아요.

이건 좀 특수한 경우이기는 하지만, 어쨌든 아이가 독서 지도에 공력을 무지막지하게 들인 것도 아닌데 물꼬만 터 줘도 스스로 찾아서 읽으니 엄마는 편하죠. 그 후부터는 앞서 말했던 국어 공부법으로 수업 시간에 배운 소설이나 시 같은 걸 주제로 수다 떨듯 아이랑 대화했어요. 그런데 여기서 하나 중요한 걸 짚고 넘어가자면, 중학교부터는 이 시간에 정말로 수다만 떨어서는 안 된다는 거예요. 초등 시기를 지났으면 자연스럽게 아이에게 개념을 정리해 주면서 슬슬 공부에 실전적으로 적용할 수 있을 만한 정보를 함께 다뤄야 해요. 엄마들이 꼭 국어 교육을 전공하지 않았어도 EBS 국어 인강으로 교과서 흐름 정도만 파악하면 충분해요. 그리고 또 하나 중요한 게 아이가 책을 많이 읽다 보면 주관이 강해져서 문제집의 해석이 자기 해석이랑 다르면 "이건 내가 맞는 것 같은데? 왜 틀린 거지?" 이렇게 말할 수도 있습니다. 그런 의문이 드는 게 당연하다고 생각해요. 그런 의문을 그냥 뭉개지 않고 "국어는 네 생각을 묻는 게 아니라 출제자의 의도를 파악하고 그에 부합하는 답을 찾는 게임이야."라고 정리해 주는 게 필요하죠.

학원 끊고 수능 국어 만점에 서울대 국문과까지

아이가 중3 때까지는 이런 방식이 아주 효과적이었어요. 그러다 아이의 고등학교 입학을 앞두고 이제는 정말 전문적인 교육이 필요하겠다 싶어서 입시 학원을 끊어 줬어요. 그때 입반 테스트에서 거의 만점을 받았어요. 아이가 학원 프로그램에 잘 적응하기도 해서 고등학교 입학 후에도 잠깐 더 다니게 했죠. 그런데 고1 첫 내신 국어 시험에서 67점을 받아 왔더라고요. 저도 놀랐지만 특히나 아이가 충격을 많이 받았죠. 말은 안 했지만 자기도 자기가 국어를 잘한다는 걸 알고 있었을 텐데 성적이 곤두박질을 친 셈이니까요. 시험이 어려웠냐 물어봤더니 문제가 어려운 건 아니었는데 학원 숙제하느라 개념 정리는 거의 못 하고 문제 풀이만 했다고 하더라고요. 수학은 개념 이해에 목숨을 걸면서 국어는 개념을 정리할 게 없다거나 지문만 잘 분석하면 된다고 여겨서 그런지 문제부터 풀게 하는 분들이 많아요. 하지만 국어뿐 아니라 다른 어떤 과목도 개념 정리 없이 문제 풀이만으로 고득점을 성취하는 건 불가능하죠.

결국 아이가 학원에 안 다녀도 괜찮을 것 같다고 말해서 그 후로 수능 때까지 학원 한 번 안 가고 혼자 공부했습니다. 혼자서 했다고 하지만 엄마가 손 놓고 있었다는 뜻은 아니에요. 제가 직접 교과서 구성 원리랑 단원별 핵심 개념을 짚어 줬어요. 예를 들어 1학년 때는 공통 국어였던 게 2학년이 되면 문학이랑 독서로 나뉘잖아요. 그러면 시험 범위 안에서 특히 중요한 개념이 무엇인지, 어떤 작품에서 특히 잘 드러나는지를 정리하게 했어요. 그리고 다시 한번 국어에서 가장 중요한 건 '내가 얼마나 작품을 잘 분석하느냐'가 아니라 '내가 얼마나 출제자의 의도를 잘 파악하느냐'라는 것을 강조했습니다. 국어 성적이 쭉 상위권이었다가 고등학교에 올라가면서 성적이 하락해 본 아이들이라면 많이 공감할 건데, 문제 풀이에만 집중하다 보면 의외로 내 생각과 출제자의 의도가 일치하는 경험이 잦습니다. 그러다 보면 '내 생각이 곧 출제자의 의도'라고 무의식적으로 생각하게 되는 거죠. 물론 이런 상태로도 여전히 어느 정도는 점수를 유지할 수 있습니다. 하지만 안정적으로 만점을 유지하지는 못하죠. 저희 아이는 다시 개념부터 차근차근 숙달한 끝에 결국 수능에서도 만점, 서울대도 국문과로 들어가게 되었어요.

고난도 킬러 문항 잡아 줄
킬러 콘텐츠

이처럼 저는 개념 정리 없이 문제 풀이에만 집중하지 않으려 학원을 끊었지만 서울대 공대 엄마는 킬러 문항 대비를 위해 따로 교육받은 게 있다고 해요. 바로 법학적성시험 리트(LEET) 수업입니다. 유명 로스쿨 입시 학원 일타 강사를 모셔서 특목고, 자사고 아이들로 팀을 짜고 6개월 동안 로스쿨 준비생들이 듣는 것과 같은 수준으로 수업을 진행한 거죠. 주변 아이들이 내신을 준비하거나 하면서 결국 수업을 포기할 때도 아이가 끝까지 남아 수업을 들었다고 해요. 덕분에 거의 일대일 수업이 되었는데 그 수업이 킬러 문항 잡는 데 정말 결정적인 역할을 했다고 생각해요. 이른바 킬러 문항 잡는 '킬러 콘텐츠'였던 거죠.

수능 국어 중 비문학 영역은 사고력과 독해력, 논리적 분석력을 평가한다는 점에서 리트의 '언어이해' 영역과 매우 유사하죠. 실제로 수능 비문학 지문과 리트 언어이해 지문은 철학, 법학, 정치학,

언어학, 사회 과학 등 고도로 추상화된 내용을 담고 있다는 공통점이 있죠. 이런 지문은 내용도 추상적이지만 구조도 대단히 길고 복잡해요. 그러니 단락을 논리적으로 연결하고, 전제와 결론을 파악하며, 비유적 표현을 이해하는 게 핵심입니다.

수능 국어는 함의, 조건, 필연과 우연 등 다양한 요소를 파악한다면 리트는 논증의 타당성 평가가 핵심이에요. 다시 말해 수능이 정확한 독해력을 요구한다면 리트는 독해는 기본으로 깔고 그에 더해 논증 평가력까지 요구한다고 볼 수 있죠. 이러한 연관성 때문에 리트 공부를 하다 보면 자연스럽게 국어 킬러 문항 대비가 되는 거예요. 반대로 로스쿨 입시를 준비하는 사람들이 수능 비문학 킬러 문항을 공부하기도 할 정도니까요.

꾸준히 쌓은 독서로
흔들림 없는 국어 실력

이런 방식으로 대비하니 그 아이는 고등학교 3년 내내 국어, 영어는 한 문제도 안 틀렸어요. 그렇게 두 과목이 기둥처럼 든든히 중심을 잡아 주니까 수학에서 약간 삐끗하는 일이 생겨도 전체적인 흐름이 안 무너지죠. 오히려 그런 순간에 수학에 더 많은 시간을 할

애할 수 있게 되었어요.

제 아이의 경우, 탄탄한 국어 실력을 쌓는 데 가장 큰 역할을 한 것은 두 가지입니다. 하나는 어릴 때부터 이어 온 독서 지도, 다른 하나는 '문제 풀이 반복'에서 '개념 정리 우선'으로 공부 방식을 과감히 전환한 것이죠. 고등학교 1학년에 공부 방식을 바꾼다는 건 쉽지 않은 일이지만 꾸준히 쌓아온 독서력이 바탕이 되고 아이의 국어에 대한 깊은 관심이 토대를 이루니 가능했던 일이죠. 킬러 문항 대비로 리트 수업을 진행한 공대 아이도 이런 독서 기초가 없는 상태에서 그걸 진행했다면 생각만큼 효과가 크지 않았으리라 확신해요. 이처럼 유·초등 시기부터 엄마가 독서 지도를 얼마나 잘해 주느냐가 아이의 미래 국어 성적의 기반이 됩니다. 독서 지도의 중요성은 몇 번을 강조해도 모자라지 않아요.

독서 지도 없이도 어휘력 올리는 지름길?

**어휘력 없는 공부는
밑 빠진 독에 물 붓기**

같은 교과서를 보고 같은 수업을 들어도 성적이 다른 이유는 뭘까요? 물론 여러 가지 요인이 있겠지만 그중 결정적인 원인은 어휘력 격차라고 생각해요. 글을 읽었는데 내용 파악을 잘 못하거나 읽는 속도가 느린 아이들은 대부분 어휘력이 약하더라고요. 어휘력은 단순히 국어 실력의 문제만은 아니에요. 모든 과목의 기본 개념은 전부 어휘와 관련 있잖아요. 수학 개념도 궁극적으로는 어휘력 없이 이해하긴 힘들죠. 과학은 수학보다 더 개념 어휘가 중요한 과목이에요. 사회는 말할 것도 없고요. 영어는 외국어긴 하지만 결국 어휘를 이해하는 방식과 사고 등 근본적인 부분에서 맞닿아 있다고 생각해요. 요즘 아이들, 글보다는 영상을 많이 보기 때문에 문해력이 떨어진다고 걱정이 많잖아요. 실제로 너무나 간단한 어휘조차 그 의미를 추론하는 능력이 너무 부족하더라고요. 어휘의 형성 과정을 이해하고 처음 보는 단어의 의미를 유추할 줄 알아야 하는데 그게 안 되는 거죠.

어휘력 하면 한자 급수 시험을 많이들 떠올리는데, 저는 어휘력을 키워 주려고 특별히 어떤 프로그램이나 교재를 통해 공부하게 하지는 않았어요. 한자 급수 시험도 보지 않았고요. 아이가 책을 읽거나 어떤 개념을 배웠을 때 딱 한 가지만 더 했을 뿐이죠. 제가 아이와 대화를 많이 했다고 했잖아요. 학교에서 어떤 개념을 배우고 나서 저에게 얘기해 줄 때 아이가 개념을 설명하면 제가 그 어휘를 한자로 풀어 주었어요. 그러면 아이가 왜 그런 말이 생겼는지 알겠다면서 재미있어했거든요. 단순히 뜻만 알려 주기보다는 스스로 왜 그런 단어가 만들어지게 됐는지 조어의 원리를 생각해 보는 경험을 주고 싶었어요. 어떨 때는 자기가 그런 방식으로 터득한 단어의 의미를 저에게 설명해 주기도 하더라고요.

그리고 이렇게 터득하게 된 어휘를 일기의 글감으로 쓰게 했어요. 당시에는 일기가 학교 숙제였기 때문에 안 쓸 수가 없었거든요. 일기의 글감으로 새로 알게 된 어휘의 뜻풀이, 비슷한말, 반대말, 예시문 등을 들어 보게 했어요. 어휘가 학습의 핵심 개념인 경우는 주요 개념과 보조 개념을 연결해서 구조화하는 작업도 했고요.

비문학 어휘는 이렇게 지도했다면 문학적인 어휘는 작품을 읽으면서 나왔던 특별한 표현들에 주목해서 아이와 대화를 나눴어요. 예를 들면 아이들이 맥락에서 의미를 파악해야 하는 속담이나 관용어를 어려워하는 경우가 많거든요? 나이가 들면 자연스럽게 알게 되는 말이지만 아직 경험이 적은 아이들이 이해하기는 쉽지 않기 때문이죠. 그럴 때 저는 재미있는 관용어와 속담을 풀어서 설명해 줬어요. 그 이후에 속담이나 관용어와 관련한 책을 사 주기도 했죠. 그랬더니 그 책을 읽고 또 읽으면서 스스로 깨우쳤어요.

확실한 길 놔두고
다른 길을 찾을 필요는 없다

서울대 의대 아이는 초등학교 6학년 때까지 지방 소도시에서 학교를 다녔기 때문에 사교육을 요란하게 받을 수 없었어요. 게다가 5학년부터 1년 동안 해외 어학연수를 다녀왔기 때문에 정작 중학교 진학에 대비한 선행 학습도 다른 친구들에 비해서 늦은 편이었죠.

그럼에도 불구하고 초등학교보다 중학교, 중학교보다 고등학교 때 성적이 더 좋았던 이유는 손에서 책을 놓지 않은 것 덕분이라고 생각해요. 어휘력은 독서가 주는 가장 큰 선물이 아닐까요? 특히 아이가 좋아하는 분야인 과학은 흥미의 영역을 확장시키는데 독서보다 나은 게 없죠. 게다가 독서 과정에서 과학 용어나 개념을 알게 되면서 자연스럽게 공부가 되거든요. 그런 공부가 반복되면서 한자로 된 단어를 많이 접하게 되니 굉장히 재미있어했어요.

그렇게 한자 급수 시험을 보게 되었죠. 한자가 어휘력에서 얼마나 중요한지 다들 아시죠? 하지만 한자 급수 시험이라는 게 그냥 학습지나 교재를 풀면 정말 재미없거든요. 하지만 다행히 아이가 독서를 통해 한자 자체에 대한 흥미를 길렀으니까 일반 교재로도 크게 효과를 볼 수 있었어요. 초등학교 공부와 중학교 공부 그리고 고등학교 공부의 차이 중 하나가, 알아야 할 개념과 용어가 많아진다는 거잖아요. 암기와 이해를 기반으로 하는 과목에서 새로운 어휘를 이해하고 적용하는 과정을 어려워하면 좋은 성적을 받기 어렵죠.

결국 한자 급수든, 개념의 한자 풀이를 대화로 설명하는 거든 최초의 시작은 독서일 수밖에 없어요. 비유하자면 독에 물을 붓는 것과 같아요. 아무것도 없는 독을 뒤집어 봤자 물 한 방울 나올까요? 꾸준히, 부지런히, 틈틈이 많이 채워 넣어야 독을 뒤집었을 때 물이

콸콸 쏟아지겠죠. 그래야만 흠뻑 젖은 땅에서 비로소 어휘력이라는 새싹이 움틀 수 있는 거예요. 많은 부모가 독서 지도가 어렵다거나 시간이 너무 걸린다고 생각해서 지름길을 찾지만 때로는 느려 보이는 길이 가장 빠른 길일 때도 있어요.

고등학교부터는 결국 '글빨', '말빨' 싸움이다

**고등학교 가서 손만 빨고 있지 않으려면
초등 때 미리 준비해야 한다**

독서 습관은 초등학교 때 완성해 놓으면 가장 좋지만 늦어도 중학교 때까지는 완성해야 해요. 고등학교 공부는 초중등 공부와는 완전히 다르기 때문이죠. 기본적으로 상대 평가라서 '다 같이 잘하자'라는 분위기가 없어요. 지필 평가는 물론, 수행 평가의 비중도 높고 까다로우며 양도 많기 때문에 그야말로 내신 전쟁이죠. 수행 평가는 글쓰기, 발표, 실험, 실습, 토론 등 다양한 방식으로 진행하는 경우가 대부분이라 글쓰기 능력이 기본적으로 장착돼 있어야 해요. 그리고 글만 잘 쓴다고 끝나는 것도 아니에요. 글쓰기 능력을 기반으로 한 능숙한 발표 능력도 필요하죠. 이런 일이 고등학교 1학년부터 바로 시작되니까 최소한 중학교 때까지는 고등학교 수행 평가를 위한 독서와 글쓰기, 발표 능력이 완성되어야 한다는 얘기가 되는 거죠.

고교학점제가 시작되면 논·서술형 문항이 확대되고 수행 평가의 비중도 높아질 것으로 예측되는데 고등학생들이 너무 힘들거라는 얘기가 많이 나오잖아요. 사실 이 문제는 제법 오래된 이야기예요. 고등학교 내신에서 지필 평가 문제만 잘 풀어서는 절대 상위권이 되기 힘들거든요. 수행 평가 능력이 약한 아이들은 고등학교 공부가 너무 힘들어요. 예를 들어 책을 한 권 읽고 요약하는 데 몇 시간이면 충분한 아이도 있지만 며칠이 지나도 못 하는 아이도 있거든요. 우리 아이는 수행 평가 하나에 묶여서 며칠을 끙끙대며 겨우겨우 과제를 하는데 옆집 아이는 몇 시간만에 끝내고 주요 과목 공부에 돌입한다고 생각해 보세요. 발표를 위한 보고서나 자료를 만드는 것도 마찬가지예요. 이러한 과제 수행 능력은 내신의 수행 평가뿐만 아니라 학종 준비하는 아이들에게 특히나 중요한 비교과 활동에서도 필요한 능력이잖아요. 동아리 활동이나 자율 활동, 진로 활동도 그 결과는 글이나 발표로 보여 주게 되니까요.

'글빨' 안 서면
전 과목이 무너진다

그런데 고등학교 때 과제 수행 능력이 떨어진다는 걸 알게 되었다고 해도 그때부터 독서를 지도한다거나 논술 학원을 보낼 시간은 거의 없잖아요. 주요 과목 학원 다닐 시간도 부족한 게 고등학생의 현실이니까요. 아이가 하는 모든 게 실전이기 때문에 직접 부딪히면서 배우는 수밖에 없죠. 그러니까 미리 준비해 온 아이들보다 많이 뒤처질 수밖에 없어요. 학기가 끝날 때마다 등급이 나오잖아요. 중간고사, 기말고사 때 지필 평가 한두 개만 틀렸다고 좋아하던 아이들이 막판에 등급이 훅 내려가는 걸 자주 보거든요. 대부분 수행 평가에서 점수를 다 깎아 먹은 경우더라고요. 정말 안타깝죠.

그러니까 고등학교에서는 기한 안에 과제를 해내는 능력이 정말 중요해요. 고등학교 공부는 의지나 성실성만으로 되는 건 아니거든요. 뭐가 되었든 결과물을 낼 줄 알아야 하죠. 그러니 초중등 시기, 특히 학종이나 논술로 대학 가려는 아이들에게 글쓰기와 발표를 기반으로 한 논술 능력은 정말 핵심 중의 핵심이에요. 논술 능력은 과목으로서의 국어와는 조금 달라요. 수학의 문제 풀이 과정 작성, 영어 에세이 쓰기, 글쓰기 과제가 많은 사회나 과학 탐구까지 거의 전 과목에 걸쳐서 논술 능력이 필요하죠.

서울대 의대 엄마는 아이가 고등학교 3년 동안 정말 많은 프로젝트를 했다고 말씀하세요. 동아리 활동부터 자율 활동 탐구 프로젝트, 교내 학술 대회에도 매년 출전했대요. 대학과 연계한 프로그램에도 참여했는데 주제를 정하고 실험을 설계하고 결과를 이끌어 내는 등의 모든 과정을 글로 써야 했다고 해요. 과학이나 수학도 공부한 걸 산출하는 방식은 결국 글쓰기와 발표잖아요. 아이의 고등학교 생기부를 읽어 보면 그 많은 걸 어떻게 다 했나 싶을 정도로 많은 과제를 수행했더라고요. 결국 똑같이 주어진 시간 안에 얼마나 더 많은 과제를 해낼 수 있는지, 다시 말해 산출 역량이 얼마나 우수한지가 좋은 입시 결과를 보장한다고 생각합니다.

거의 모든 입시 전형에서 요구하는
만능 역량

하물며 국문과는 더하죠. 학종으로 서울대 국문과에 들어가려다 보니 학과 특성을 고려해 독서와 글쓰기 능력을 어필하려고 정말 많은 활동을 했어요. 모든 교내 대회에 출전했는데, 1~2학년 때 교내 논문 쓰기 대회에서는 약 50쪽가량의 논문을 쓰기도 했죠. 교지 편집부 회장으로 2년간 활동하며 사설과 기사를 작성했고, 3년 내내 인문학 동아리 활동을 하면서 매년 소논문을 작성해서 주제 발표도 했어요. 아이의 생기부를 읽어 보면 과목 세특부터 창의적 체험 활동까지 거의 모든 활동에 독서와 글쓰기, 발표 내용이 기록되어 있어요.

또 다른 입시 전형인 논술 전형은 독서 논술 능력을 가장 핵심적으로 평가하는 전형이잖아요. 내신이 상대적으로 낮을 때 학생들이 선택할 수 있는 카드가 논술인데 특히 상위권 대학에서 꽤 많은 학생을 이 전형으로 선발하죠. 논술 문제를 꼼꼼하게 들여다보면 기본적으로 지문 읽기가 중요하다는 걸 알 수 있어요. 수리 논술도 문제 읽기가 핵심이에요. 문제를 정확하게 독해해야 글을 쓰거나 풀이 과정을 쓸 수 있다는 건 너무 당연한 말이겠죠? 그러니까 학종, 논술은 물론 넓게 보면 구술 면접까지, 대학 입시의 끝까지 가 보면 결국 공부를 잘한다는 것은 잘 읽고, 잘 쓰고, 잘 말하는 것을 뜻한다는 걸 알 수 있어요.

그러니 최소한 중학교 때까지는 고등학교에서 필요한 독서 논술 능력이 어느 정도인지 파악하고 이를 위한 실력을 만드는 게 정말 중요해요. 중학교는 고등학교에 비해 내신 성적에 대한 부담이 적은 만큼 수행 평가나 비교과 활동을 할 때 그걸 글쓰기 훈련의 기회로 삼으면 좋아요. 사실 과제의 난이도가 다를 뿐이지 수행 평가, 논·서술형 문제, 비교과 활동 등의 유형은 어느 정도 비슷하거든요.

초등학교와 중학교가 '인풋' 시기라면 고등학교는 본격적으로 '아웃풋' 시기라고 할 수 있어요. 특히 고교학점제 시대에는 언어 중심 아웃풋 역량이 더욱 중요해졌잖아요. 소위 '글빨', '말빨' 같은 언어 능력이 하루아침에 만들어지는 것은 아닌 만큼 시간적 여유가 있는 초등학교 때 체계적으로 독서와 글쓰기의 체계를 잡아 놓는 것은 필수예요.

# 4장

목표 설정,
입시 전략,
교육 과정까지,
엄마가 안 하면
누가 해요?

일반고로 몰리는 의대생?
내 아이에게 딱 맞는 고등학교 고르는 법

서울대, 의대가 목표인데
일반고 안 가면 바보다?

 서울대나 의대를 목표로 한다면 고등학교 선택은 단순히 좋은 학교를 고르는 차원의 문제가 아니에요. 고교학점제와 5등급제 이후로 1등급 범위가 상위 10%로 넓어지면서 이전과 달리 내신 성적이 뚝 떨어지는 1.0이 아니면 의대 입시가 어려워졌거든요. 따라서 내신을 1.0대에서 안정적으로 유지할 수 있는 곳인지가 고등학교 선택의 핵심이 되었어요. 자사고나 특목고처럼 우수한 학생들이 몰려 있는 곳에서는 아차 하면 내신이 2~3점대까지 밀리기 쉬워요. 아무리 자사고 출신이라고 해도 내신이 3점대면 결국 의대 입시는 무너집니다. 반면 일반고에서는 상대적으로 경쟁이 평이하니 1등급을 유지하기가 비교적 쉬울 거예요. 학종 준비하는 아이들에게는 훨씬 유리한 조건이겠죠?

특히 요즘은 정시만으로 의대를 뚫기가 너무 어려워져서 대부분 학종과 교과 전형을 같이 준비합니다. 그런데 수시와 정시를 병행한다는 건 내신이 절대 무너지지 않는 환경이 필요하다는 뜻이거든요. 그래서 일반고 선택이 전략이라는 겁니다. '나는 이 환경 안에서 내신 1.0 만들고 비교과도 잘 관리하면서 정시도 놓치지 않고 끌고 가겠다'라는 마음가짐을 먹었을 때 일반고를 선택하는 거예요.

휘문고가 미달?
강남 8학군 엄마들이 일반고 선택한 이유

게다가 고교학점제, 5등급제, 통합형 수능 같은 여러 이슈가 겹치면서 특목고, 자사고가 굉장히 열풍일 거라고 예측한 것에 비해 올해 경쟁률은 꽤 낮은 편이었습니다. 다만 여기서도 편차는 있습니다. 외고, 국제고 등 문과 계열에 비해 영재고, 과고 등 이과 계열은 여전히 경쟁률이 높았거든요. 휘문고 같은 지역 자사고는 미달이 나는 경우도 있었고요. 휘문고가 미달인 것에 대해 다들 입을 모아 말한 게 있습니다. 교육 과정이 바뀌는데 학교에서 진로나 융합 과목 등을 보완하거나 커리큘럼을 통해 비전을 제시하지 못했다는 거죠. 그렇다면 일반고를 가도 편제상 별 불이익이 없지 않나 생각한 부모들이 많아지니 미달이 날 정도로 인기가 식어 버린 거예요.

심지어 휘문고와 더불어 세화고도 미달이 났는데, 두 학교는 정시로 서울대를 많이 보내 왔다는 특징이 있어요. 수시로 많이 보내던 학교들은 미달까지는 안 났던 걸 보면 '앞으로 정시로는 서울대 힘들다'라는 생각이 반영된 결과라고 할 수도 있겠죠. 반면 전국 단위 자사고이긴 하지만 외대부고는 3점대 경쟁률로 비교적 선방한 편입니다. 정시도 강하지만 수시도 그에 못지않게 강한 학교로 유명한 데다 교육 커리큘럼을 치밀히 연구해서 미적분 관련 과목, 고급 심화 선택(AP) 과목 등도 다양하게 구성해서 수시에 최적화되었기 때문이에요.

물론 의대는 서울대에 비해 그런 경향이 덜할 것으로 예상되고, 휘문고가 속한 강남 8학군은 학군 자체가 워낙 좋다 보니 자사고나 일반고 사이에 큰 차이가 없어 그런 선택을 한 걸로 보이기도 해요. 여기까지 들으면 '아, 의대는 무조건 일반고인가보다' 생각하실 수 있을 거예요. 하지만 내가 최상위권 이상의 극상위권 학생이라면 오히려 특목자사고를 가는 게 나을 수도 있습니다. 제도가 바뀌면서 10%까지 1등급을 받게 되니 외대부고 같은 전국구 자사고에서 과거엔 최상위 빅5 의대에 전교 5등까지만 수시를 써 줄 수 있었다면 이제는 20명 가까이 써 줄 수 있게 되었기 때문이죠. 똑똑한 아이들 모인 곳에서도 내가 넉넉히 1등급 받을 수 있다고 자신하면 외대부고처럼 학교 차원에서 교육 과정에 대비를 꼼꼼히 해서 비교과, 학생부 면에서 유리한 특목자사고를 택하는 게 더 나은 선택일 수 있다는 말이에요.

개수만 채운 비교과는
아무 쓸모 없다

그리고 올해는 정시 비중이 41.8%였지만 교육부에서 정시 선발 비중을 30%까지 완화하기로 결정했으니 사실상 서울대 입시도 정시 3, 수시 7이라고 봐야 합니다. 하지만 수시라고 해서 내신이 전부는 아니죠. 다들 아시다시피 비교과가 무척 중요합니다. 그리고 당연하지만 이것저것 다 찔러보는 식으로 쌓은 비교과는 큰 의미가 없어요. 비교과 활동도 방향성과 일관성이 핵심입니다. 그때그때 주어진 활동만 쌓아 놓으면 전체적인 맥락도 없고 내용만 두꺼울 뿐

깊이가 없죠. 그러니 서울대, 의대를 목표로 한다면 고1 때부터 진로 키워드를 명확하게 잡고 거기에 맞춰서 동아리, 자율 활동, 봉사, 독서, 발표 활동 등을 설계해야 해요. 그게 누적되면 면접 없이 생기부만으로도 아이의 진정성과 준비 과정을 차고 넘치게 보여 줄 수 있거든요.

그런 점에서 특목자사고가 유리한 지점이 분명히 있다고 생각해요. 제가 아이들 생기부를 볼 때도 일반고 학생과 특목자사고 학생의 생기부에는 차이가 있더라고요. 예를 들어, 특목자사고는 학교 프로그램 자체가 일반고와 차별화되기도 하고, 우수한 아이들끼리 모여 있으니 보다 전문적인 심화 학습이 가능하죠. 그러다 보니 탐구 보고서 하나를 쓰더라도 콘텐츠 수준이 높고 문제 해결 과정도 매우 구체적으로 기술하게 돼요. 시험에서도 차이가 나요. 논·서술형 문제, 수행 평가의 수준이 매우 높기 때문에 생기부 세특에 기록되는 내용이 몹시 세부적인 데다 과정 중심이에요. 학종은 이런 내용을 비중 있게 평가하는 전형이니 당연히 특목자사고가 유리할 수밖에 없겠죠?

반대로 전략적으로 일반고를 택한 학생이라면 생기부를 평면적인 활동으로 채우지 않기 위해 부단히 노력해야겠죠. '일반고니까 이 정도만 해도 어련히 이해하겠지?' 같은 생각은 버려야 합니다. 깊이와 개성을 드러낼 수 있는 활동을 꾸준히 성실하게 채워야 해요. 넓지만 얕은 비교과보다 좁더라도 깊은 비교과 설계가 훨씬 강력한 무기가 됩니다.

내 아이에게 판 깔아 주는 학교를 골라야 한다

이처럼 일반고, 자사고 둘 다 여러모로 따져 볼 요소가 많지만 가장 중요한 원칙은 성적이나 거리 같은 게 아니라 '이 학교가 우리 아이에게 어떤 기회를 줄 수 있을까'입니다. 예를 들어 생명 과학 동아리가 실제로 운영되는지, 과학 탐구 대회를 학교에서 밀어주는 게 확실한지, 논문 활동이나 비교과에 실질적인 코칭이 있는지, 이런 게 중요하죠. 아이가 쭉쭉 달려 나가기 위해서는 아이도 스스로 준비를 잘해야 하겠지만 어떤 판에서 뛰는지도 몹시 중요합니다. 그런 지원이 없으면 결국 부모가 모든 걸 학교 밖에서 만들어야 해요. 어떤 학교는 내신 따기엔 좋은데 비교과가 약하고, 어떤 학교는 분위기는 좋지만 학습 루틴이 잘 안 잡혀 있어요. '내 아이한텐 뭐가 더 필요하지?'를 먼저 생각해야 선택이 더욱 명확해집니다.

그리고 이렇게 꼼꼼히 선택하더라도 아이가 수동적이고 엄마가 제대로 지원하지 않으면 말짱 도루묵입니다. 낙생고처럼 일반고임에도 자사고 못지않은 다양한 프로그램을 준비해 놓고 아이들에게 '판을 깔아 놨으니 들어와라'라고 어필하는 학교들도 있어요. 그런데 정작 아이가 그 판에 들어갔는데도 능동적으로 신나게 놀지 않으면 아무런 의미가 없죠. 엄마가 열심히 따지고 재고 고르고 골라서 좋은 학교 보내 봐야 애가 무기력하면 아무런 소용이 없어요. 그러니 학교 선택에 앞서 아이의 주도성을 키우기 위해서 부단히 노력하셔야 해요. 그게 갖춰졌을 때 비로소 학교가 아이에게 깔아 주는 판이 빛을 발합니다.

'그렇게 똑똑하던 애가……', 영재고 커리큘럼 타려다가 낙오되는 영재들

아이 역량에 맞추지 않으면 선행해 봤자 말짱 도루묵

공부 좀 한다고 하는 아이 엄마들은 초등 고학년 시기면 다 비슷한 고민에 시달리실 거예요. '우리 아이 영재고 보내야 하나? 아니면 과고, 자사고, 외고?' 사실 영재고 커리큘럼은 일반적으로 초3부터 시작하는 경우가 많아요. 물론 이것도 아이 역량에 따라 어느 정도 다르긴 하지만요. 그래서 아이가 고학년이면 남들보다 살짝 늦었다는 조바심 때문인지 영재고로 목표를 정하고 마음을 굳히신 엄마들은 수학 선행을 언제부터 어떻게 시작하는 게 좋을지 굉장히 궁금해하시더라고요.

영재고, 특목자사고 이야기를 하면 빼놓을 수 없는 게 바로 선행 학습이죠. 영재고, 특목자사고를 목표로 하는 아이들에게 선행 학습은 선택이 아닌 필수라고 볼 수 있어요. 다만 저는 아이 역량을 훌쩍 넘는 수준까지 억지로 선행을 시키는 건 반대예요. 어떤 엄마는 첫째 아이에게 가능성이 보여서 영재고 커리큘럼을 따라가게 했고, 그러면서 자연스레 선행 학습을 엄청나게 시켰는데, 지나고 보니 정말 과해도 너무 과했다 싶었다고 해요. 결과적으로 따져 보면 그게 꼭 필요하지는 않았거든요. 오히려 초등 시기의 그 황금 같은 시간을 아이 역량을 훌쩍 뛰어넘는 선행으로 보내는 대신 기초를 단단히 다지는 데 썼더라면 어땠을까요?

가짜 선행을 하지 말고 진짜 심화를 해라

중요한 건 무조건 선행을 하지 말라고 하는 게 아니라는 거예요. 이건 저만 하는 이야기가 아니라 교육 전문가들이 하나같이 입을 모아 하는 말이에요. 어떤 아이는 영재고 준비를 하면서도 기초가지 튼튼하게 쌓을 정도로 역량이 넘칠 수 있고 어떤 아이는 중간에 멈춰야 하는 정도의 역량일 수 있는 거예요. 그런데 많은 부모님이 내 아이와 영재고, 과고 커리큘럼 타는 다른 아이를 비교하면서 너무 조급해하시더라고요. 특히 학원이 적은 지역에서는 심화 학습 기회를 얻기도 쉽지 않으니 더 조급함을 느끼시고요. 그런데 '남들 다 하니까'라는 이유만으로 시키면 무조건 실패합니다.

단순히 진도만 쭉 빼는 건 아무 의미가 없어요. 아이가 심화 문제집을 막힘 없이 풀더라도 그게 심화 학습이 됐다는 증거라고 생각하시면 안 돼요. 진짜 심화 학습은 아이가 어려운 문제를 맞닥뜨렸을 때, 지금까지 배운 개념을 가지고 끙끙대며 푸는 과정에서 이루어지는 거예요. 그렇게 문제를 해결하려 사고하는 과정에서 사고력이 자라고 개념을 완전히 체화하게 되고요. 그런데 중학교 개념을 선행해서 5학년용 문제집을 술술 푼 거면서 그걸 심화 학습으로 착각하면 안 되는 거죠. 당장 지금은 지름길로 앞서가니 편하고 성적도 잘 나오겠지만 그런 방식이 언제까지 먹힐까요? 중학교까지는 아무 문제도 없는 것처럼 보일지 몰라요. 하지만 그런 가짜 선행으로 쌓은 가짜 실력으로는 고등학교에 들어가자마자 바로 고꾸라집니다. 수능에는 지름길이 없어요. 5학년용 심화 문제집을 5학년 때 배우는 개념만으로 쉽게 풀 수 있어야 진짜 심화 학습이 된 겁니다. 그 학년에 배워야 할 개념 먼저 탄탄히 챙기고 진짜 심화 학습까지 마무리한 뒤 선행을 하면 모를까, 그런 과정 없이 하는 선행은 가짜 선행이에요.

무작정 남들 따라만 할 거면 그냥 손 놓아라

아이의 역량을 엄마가 냉정하고 철저하게 파악하세요. 그걸 위해 평소 학습부터 꼼꼼히 살펴보시고요. 단순히 '우리 애는 잘하니까' 같은 생각을 근거로 판단하시면 아이가 엉뚱한 길을 따라가다 입시라는 긴 여행에서 낙오될 수 있어요. 만약 아이가 영재고를 갈 역량이 되고 선행도 수월하게 따라온다면 안 시킬 이유가 없죠. 하지만 아이가 그 정도 수준이 아닌데도 엄마의 욕심 때문에 가짜 선행으로 초등 시기를 버리게 되면 그 피해는 고스란히 아이의 성적으로 드러나요. 무작정 남들 따라 하는 게 세상에서 제일 어리석은 입시 전략입니다. 모든 것의 기준은 아이라고 생각하세요. 백번 반복해 말해도 아깝지 않습니다. 아이에게 맞는 커리큘럼이 제일 좋은 커리큘럼입니다.

학군지 안 가면 입시는 포기?
서울대 엄마들의 선택은

대치동 갔다 온 아이는
눈빛부터 달라진다

어떤 학부모님이 저한테 "저는 경기도에 사는데 아이를 꼭 대치동에 보내야 할까요?"라고 물어보신 적이 있어요. 이분 아이가 되게 똑똑해서 과학고나 영재고 학원에 상담을 가면 늘 대치동에 보내라고 말한다고 하시더라고요. 저는 그분께 한 번 보내 보시고 결정하라고 답했어요. 학원 하나 옮긴다고 애가 달라지겠냐 싶으시죠? 하지만 서울대 공대 엄마는 아이 눈빛부터 달라진다는 걸 몸소

겪었어요. 아이가 분당에서 수학 학원을 쭉 다니다가 중학교 1학년 때 영재고 입시를 준비하면서 그래도 전국구에서 노는 아이들이 모이는 데를 보내야겠다고 생각해서 대치동으로 보냈죠. 그랬더니 아이가 수업을 듣고 집에 오자마자 "엄마, 왜 초등학교 때부터 대치동 안 보내 줬어?"라고 말했다더라고요. 아이가 그렇게 반응할 정도로 분위기가 다를 거라고는 상상도 못 했대요. 사실 분당도 엄마들 교육열로 정말 손꼽히는 곳인데 대치동은 역시 대치동이더라고요. 학군지며 대치동이며, 대체 뭐가 그렇게 다른 걸까요?

여주에서 분당으로, 분당에서 대치동으로 보낼 수밖에 없는 이유

서울대 의대 엄마는 원래 여주에 사셨어요. 큰애가 중2일 때 분당으로 이사하셨죠. 처음엔 방학에 주에 2~3회 정도 분당에 오가면서 수학, 영어만 해결했대요. 그런데 그게 말처럼 쉽지 않잖아요. 결국 '이럴 거면 그냥 이사하자' 하고 옮기신 거죠. 의대 엄마는 그때까지만 해도 아이가 여주에서도 그럭저럭 잘하고 있다고 생각하셨대요. 그런데 분당에 와서 외고를 준비하면서 보니까 '아, 지금까지 해 온 건 턱없이 모자랐구나' 알게 되신 거죠. 공부 잘하는 건 기본이고 집중력 차이가 어마어마한 아이들과 같은 반에서 수업을 들으니까 아이가 스스로 자극을 받고 불타올랐거든요. '내가 여기선 제일 잘해' 같은 가짜 자극만 받으며 안심하다가 진짜 자극을 받으니까 엄청나게 동기 부여가 돼서 엄마가 그만하면 됐다고 할 정도로 대단한 열의로 공부를 했다고 해요. 학군지로 옮기는 이유는 결국 이겁니다. 자극과 환경이 학군지의 핵심이에요.

학군지를 만드는 건 '자극의 밀도'다

이런 공부 자극은 엄마가 어떻게 해 줄 수 없는 영역이에요. 분당이든 대치동이든, 아이를 움직이게 만드는 건 결국 함께 뛰는 아이들로부터 오는 자극이에요. 부모가 말하는 건 한계가 있습니다. 아무리 좋은 말도 반복해서 들으면 잔소리로 들릴 뿐이거든요. 그런데 나보다 더 열심히 하는 친구를 가까이서 보면 아이가 스스로 '나도 저만큼은 해야겠다'라고 마음을 바꿉니다. 이런 변화는 아이 혼자서 만들 수 없어요. 그래서 학군지를 오직 진학률로만 따지고 비교하면 안 돼요. 아이의 학습 태도와 스스로에 대한 기준이 자연스럽게 높아지는 곳이 학군지거든요.

제가 아는 분의 아이도 대치동에 와서 주변 아이들이 밤 10시까지 학원에 다니고, 10시에 수업이 끝나고도 12시, 늦으면 새벽 1시까지 관리형 스터디 카페에서 공부하는 걸 보면서 처음으로 '내가 아직 많이 부족하구나' 하고 체감했대요. 그런 순간, 아이가 스스로 '나는 이 정도면 충분한가?'라고 스스로 되묻는 순간에 아이의 공부 태도가 바뀌는 겁니다.

학군지가
모두의 정답은 아니다

물론 학군지에 이런 장점만 있는 건 아닙니다. 애초에 학군지라는 이름이 붙을 정도로 학교들 수준이 높고 훌륭하죠. 하지만 학군지가 모두에게 정답일 수 있을까요? 절대 아닙니다. 입시 제도는 계속해서 조금씩 바뀌고 있고 아주 작은 제도의 변화가 입시 결과의 큰 변화로 나타나기도 하죠. 예를 들어 의대는 지역 균형 전형 등 지방이 더 유리한 측면도 있어요. 그런 이점을 버리더라도 학군지로 가는 게 나을지 엄마가 치열하게 고민해 보셔야 해요. 또 모든 아이가 이런 경쟁과 열의로 가득한 분위기를 버틸 수 있는 것도 아닙니다. 아이 성향을 잘 파악해서 이런 분위기 속에서는 오히려 아이 기만 죽겠다 싶으면 학군지를 택하지 않는 게 더 나아요. 이렇게 여러 부분을 꼼꼼히 검토하지 않으면 학군지는 훌륭한 도구가 아닌 내 아이 성적의 수렁이 될 수 있으니 꼭 주의하시길 바랍니다.

내 새끼 내가 제일 잘 안다?
엄마라서 모를 수도 있다

**변화하는 입시 제도 속
최고의 입시 컨설턴트는 엄마?**

아이를 대학에 보내기까지 가장 큰 역할을 하는 사람은 엄마예요. 우리 애가 잘하는 것, 좋아하는 것, 못하는 것, 공부해 온 과정과 역사도 가장 잘 파악하고 있죠. 초중고 과정을 거치면서 엄마는 우리 아이가 어느 대학에 갈지, 어떤 진로를 설정할지에 관한 생각을 늘 하게 되잖아요. 어쨌든 결론적으로는 좋은 대학을 가는 게 목표일 텐데요. 요즘은 입시 정보가 많아서 엄마가 직접 전략을 세우는 경우가 전보다 많아진 것 같아요. 학력고사나 수능 등 성적 위주의 정량 평가 중심의 입시에서 진로와 적성을 기반으로 한 이야기가 중요해지는 정성 평가 중심의 입시로 변화가 있었잖아요. 그래서 아이를 가장 잘 아는 사람인 엄마가 가장 좋은 컨설팅을 해 줄 수 있다고 생각해요.

그런데 이게 지나치면 문제가 되기도 해요. 오히려 아이에 대해 너무 잘 알아서 판단력이 흐려지는 경우도 많이 봤거든요. 고등학생이 되면 엄마는 아이의 성적에 예민하게 반응할 수밖에 없고, 엄마의 기대를 부담스러워하는 아이가 개입을 피하려고 할 수 있기 때문에 소통이 어려워지기도 하고요. 그래서 최근에는 입시 컨설턴트의 역할 중 하나가 아이와 엄마 사이를 중재하는 거라는 농담도 할 정도예요. 그러니 아이를 한번 냉정하게 판단하는 시간을 갖는 것도 엄마 컨설팅에서는 필수적이에요.

아이를 존중하되
항상 엄마가 주도권을 쥐어야 한다

성공적인 엄마표 입시 전략은 엄마의 바람보다 아이의 의사를 최대한 존중하는 마음에서 시작됩니다. 하지만 그게 아이의 말을 무조건 다 들어주라는 말은 아니에요. 아이와 엄마가 많이들 고민하는 이슈로 고등학교 선택이 있어요. 고등학교 선택은 아이의 입시 전반을 결정할 수도 있는 만큼 신중해야 하는데 이때 엄마가 주도권 없이 아이한테 끌려다니는 상황이 되면 곤란해요. 아직 입시를 잘 모르는 중3 아이들은 입시에서의 유불리와 상관없이 무조건 특목고나 자사고 같은 소위 '좋은 학교'에 가고 싶다고 조를 때가 많아요. 엄마로서 좋은 학교에 가고 싶다는 아이를 말리기는 쉽지 않잖아요. 물론 특목고나 자사고에 가서 잘할 수 있는 아이도 있지만, 일반고에서 더 빛을 발할 수 있는 아이도 있죠. 반대로 특목자사고로 가는 게 더 유리한데도 일반고를 가고 싶다고 떼를 쓰는 경우도 있고요.

일반고에서 서울대 국문과에 진학한 제 아이도 중학교 3학년 때 자사고를 가겠다고 선언했어요. 하지만 성향상 확실히 일반고가 맞는 아이였죠. 처음에 저는 아이의 의견을 존중했고, 자사고 입시를 위해 자기소개서와 면접을 공부하기 시작했어요. 자기소개서 양식을 읽어 보며 학교의 인재상을 파악했고, 면접 기출문제를 찾아서 아이에게 "이런 질문을 받으면 어떤 답을 할 거야?"라고 물으며 훈련했어요. 아이는 이런 대화를 꽤 즐기는 편이어서 시험 준비라는 느낌을 조금 덜어내고 일상적인 대화처럼 말을 나누었죠.

하지만 고등학교 원서를 쓸 시점에 아이에게 조심스럽게 "엄마가 입시를 분석해 보니까 네가 서울대를 목표로 한다면 일반고가 확실히 유리할 것 같아. 너의 성향을 봐도 일반고에서 더 잘할 것 같고."라고 말하며 감정적인 설득이 아닌 구체적인 설명을 이어 갔더니 아이가 흔쾌히 수긍했고, 일반고에 진학하게 됐어요. 만약 처음부터 아이 의견을 묵살하고 무조건 일반고에 가라고 하면서 설명도 하지 않았다면 중요한 시기에 아이와 대립하게 됐겠죠.

고등학교에 진학한 후에는 학교의 학사 일정과 교육 과정, 비교과를 꼼꼼하게 분석해서 어느 활동에서 어떤 역량을 드러낼지 아이와 함께 설계했어요. 생기부에 진로에 관한 또렷한 관점, 지적으로 성장하는 모습을 어떤 과목을 통해 보여 줄 것인지 고민해 보라고 조언했어요. 그 결과 특정 관심사를 교과와 비교과 활동까지 연계하려고 아이도 부단히 노력했죠. 엄마의 입시 전략은 아이의 적성과 역량에 맞는 길을 열어 주는 것부터 세특 같은 세세한 부분까지도 '엄마라면 믿고 의지할 수 있다'라고 느끼게 하는 데서 시작한다고 생각해요.

외대부고에서 서울대 공대까지 직진, 초중고 수학 빌드업 (1)

의대생보다 수학 잘해야 한다는 서울대 공대생의 초등 수학 공부

외대부고를 나온 제 아이는 수능에서 국어, 영어, 화학Ⅱ 하나씩 틀리고 수학은 만점을 받아 서울대 공대에 갔어요. 공대, 특히 서울대 기계공학과는 의대보다도 수학을 훨씬 잘해야 하는 학과잖아요. 그래서 그런지 많은 분이 초중고 시절 수학 공부를 어떻게 시켰는지 궁금해하시더라고요. 우선 초등 저학년 때는 연산에 집중했어요. 그래서 주산을 배우게 했는데, 효과가 좋아서 초등 시기에 4~5년 정도 주산 학원을 보냈죠. 수학의 기초가 되는 연산을 시각적으로 배운 게 수학 감각을 어릴 때부터 형성하는 데 큰 도움이 되었다고 생각해요.

또 바둑, 오르다, 레고 같은 아이가 재미있어하는 활동도 꾸준히 시켰어요. 이런 것들이 연산력뿐 아니라 집중력, 공간 감각, 수학적 사고 확장에도 도움이 많이 되더라고요. 내가 이 게임에 어떤 방식으로 접근해야 더 좋은 결과물이 나올까 계속 생각하는 과정을 통해서 아이가 수학 기본기를 탄탄히 쌓을 수 있었어요. 무엇보다 기본적으로는 아이가 재미있게 즐길 수 있는 놀이 활동이다 보니 중간중간 스트레스도 해소해 줬다는 부가적인 효과도 있었죠.

사실 이렇게 말씀드리면 많은 부모님이 '그래도 그 시간에 학원을 하나 더 보내는 게 더 낫지 않나?'라고 생각하시더라고요. 하지만 저는 생각이 달라요. 제가 문과 출신이다 보니 아이가 수학 때문에 고생하지 않도록 해 주고 싶었거든요? 그런데 제가 수학에서 가장 어려웠던 게 뭔가 떠올려 보니 수학에 대한 본능적인 감각이 없었던 것, 수학 기본기가 부실했던 것이었어요. 그래서 학원을 하나 덜 보내더라도 이 기본기를 든든하게 쌓아 주는 게 오히려 아이 수학 성적을 더 위하는 길일 수 있겠다고 생각했죠. 처음부터 외대부고나 서울대 같은 대단한 목표를 두고 출발한 건 아니었던 거예요. 당시 주변 엄마들은 학원도 안 보내고 애랑 같이 놀러만 다닌다고 생각했을 수도 있을 거예요. 하지만 결과적으로는 그때 쌓은 기본기가 아이에게 가장 큰 선물이 되었죠.

초등 시기에
경시대회 안 나가면 손해다

물론 초등 6년 내내 수학을 공부로 접근하지 않은 건 아니에요. 3학년 때까지는 기본 공부를 위주로 하다가 4학년부터 본격적으로 교과 과정과 심화, 심화 선행까지 쭉쭉 나가기 시작했죠. 그리고 아이가 어느 정도 실력인지 객관적으로 판단하고 부족한 부분을 파악하여 보완하기 위해서 전국구 대회도 굉장히 자주 참가했어요. 대회 리스트 같은 걸 싹 다 찾아보고 주요 대회, 대학에서 여는 주요한 프로그램들을 가능하면 전부 나가려고 했죠. 무엇보다 상을 받으면 학교로 메달과 상장이 오니까 아이도 '내가 수학을 잘하긴 하는구나', '나 좀 멋진데?' 이렇게 생각하면서 자존감도 높아지고 동기 부여도 되더라고요.

바둑이나 주산은 사실 잘하면 좋고 못해도 큰일이 나는 건 아닌데 경시대회는 문제도 어렵고 괜히 나갔다가 아이가 망신만 당하는 건 아닌가 생각하실 수도 있어요. 하지만 저학년 수학은 난도가 대단히 높은 편이 아니에요. 저희 아이도 부담 없이 즐긴 편이었고요. 무엇보다 여기 참가하는 주된 이유는 상을 받기 위해서라기보다 약점 파악이라고 할 수 있어요. 중학교 때 올림피아드 같은 걸 준비하면서부터 문제가 본격적으로 어려워지는 거죠.

문화 센터를 활용할 줄 알면
비용이 확 줄어든다

이렇게 계획을 짜서 수학을 가르치다 보니 자연스레 컴퓨터를 잘 다룰 줄 알아야겠다고도 생각하게 되더라고요. 컴퓨터 관련 자격증, 워드 프로세스, 정보기술자격(ITQ)까지 문화 센터 같은 곳에 보내면서 따게 했죠. 그리고 초등학교 3학년부터 문화 센터에서 로봇 제작 수업도 시작했어요. 당시에 막 어린이 로봇 제작 수업이 우리나라에서 처음 열리던 시기였거든요. 그걸 5학년 후반까지 꾸준히 시켰죠.

바둑, 오르다, 주산, 레고, 경시대회에 컴퓨터, 로봇까지 이 많은 걸 대체 무슨 돈으로, 또 아이를 어떻게 달래 가면서 시켰는지 정말 많은 분이 물어보셨어요. 그런데 생각해 보면 경시대회를 제하고는 딱 각 잡고 해야 하는 공부는 없거든요. 재미있게 할 수 있는 활동이고 실제로 아이도 좋아했어요.

  비용은 말씀드린 것처럼 가급적 백화점 문화 센터를 활용하려고 했죠. 아무래도 기존 학원보다 비용도 저렴하고 수업의 질도 높으니까요. 저도 워킹맘이었는데 토요일에는 아이와 함께 10시부터 백화점에 갔어요. 프로그램을 2~4개 정도 듣게 하고 저는 그동안 쇼핑하거나 아니면 저도 강좌를 들으면서 시간을 보내는 거죠. 점심, 저녁도 거기서 해결하고요. 물론 쉬는 날에 이러기가 쉽지는 않죠. 하지만 저는 아이에게 수학이 공부보다는 즐거운 경험으로 느껴지길 바랐어요. 그래야 자존감도 생기고 자기 주도적으로 하게 된다고 생각했거든요. 인형 놀이, 소꿉놀이 대신 저런 다양한 활동을 통해 수학 감각을 일찍 틔운 게 본격적으로 입시에 뛰어들 때 큰 힘이 되었습니다.

외대부고에서 서울대 공대까지 직진, 초중고 수학 빌드업 (2)

사춘기 때 공부 때문에
아이와 싸우는 엄마는 하수다

초등학교 시절에 놀이 위주로 수학을 잘하기 위한 밑바탕을 쌓고 나니 중고등학교 때 교과 수학은 그렇게 힘들어하지 않았어요. 그런데 초등학교 6학년 때부터 슬슬 사춘기가 오더라고요. 어느 날 아이 담임 선생님께서 아이가 소위 '노는 아이들'이랑 어울리며 공부에 약간 소홀해진 것 같다고 연락을 주셨어요. 그러고서 시험을 쳤는데 수학 성적이 80점대인 거예요. 문제를 살펴보니 쉬운 문제인데도 틀렸더라고요. 이대로 두면 알아서 괜찮아지겠거니 하고 방치하면 안 되겠다고 생각했죠.

그런데 제가 아이를 다그치면서 놀지 말라고 하거나 공부에 신경 쓰라고 하는 건 효과적일 거 같지 않더라고요. 엄마가 직접 이래라저래라하면 괜히 아이 반항심만 키울 것 같아서 어떻게 하면 자연스럽게 방향을 살짝 틀 수 있을지 고민했어요. 우선 수학 선생님을 섭외해서 개인 지도를 시작했어요. 제가 아이와 소통하는 것보다는 아이와 나이 차가 크지 않은 선생님과 대화하는 게 더 낫겠다고 생각했죠. 저는 선생님과 소통하면서 아이의 심리 상태는 어떤지, 뭐가 고민인지를 파악하면 되니까요. 또 아이 스케줄을 싹 갈아엎고 공부 좀 하는 아이들 위주로 팀 수업을 만들었어요. 학교 마치자마자 제가 직접 아이 픽업해서 그 팀 수업부터 데려가는 거죠. 그러다 보니 수학 점수도 다시 100점으로 올라갔어요.

이렇게 아이와 직접 부딪히기보다 아이가 그렇게 할 수밖에 없는 환경을 조성하려고 노력했어요. 아이들이 사춘기일 때, 성적이 떨어진다거나 엄마가 경악할 만한 일을 한다거나 하는 일은 흔하잖아요. 그때 정말로 중요한 건 그 일을 대하는 엄마의 태도라고 생각해요. 감정적으로 화내고 놀라서 다그치고 그러면 아이가 단단히 삐뚤어집니다. 아이 성향마다 다르지만 사춘기는 어쩔 수 없는 통과 의례고 초등 고학년부터 중학교 때까지 한 번은 겪는 시기인데 그때 엄마가 어떤 선택을 하느냐가 아이와의 관계는 물론이고 성적에도 큰 영향을 미칩니다.

중학 수학 커리큘럼 안 쪼개면
성적이 쪼개진다

성적이 복구되고, 사춘기를 극복할 환경을 갖추고 나서는 선행을 쭉쭉 시키면서 한국수학경시대회(KMC), 중학교 때는 한국수학올림피아드(KMO)를 내보냈어요. KMC에서는 최상위권 성적을 받았는데 KMO는 6개월쯤 지나니 아이가 힘들어하더라고요. 앞서 말했듯 이런 경시대회는 성적을 잘 받는 게 아니라 아이의 수준을 정확히 파악하고 보완할 약점을 발견하는 게 목적입니다. 아이가 KMO에서 막히는 걸 보고 '아, 우리 아이가 영재는 아니구나' 판단했죠. 그래서 아이가 버거워하지 않을 정도로만 KMO 문제를 풀게 하면서 수학적 사고력을 높이려고 했어요.

그렇게 중학교 2학년 때 수학 I 까지 선행을 시키면서 KMO 문제를 병행하고 교과 수학도 이어갔어요. 그렇게 할 수 있었던 건 중학교부터 수학 공부를 주 5일, 방학 땐 주 7일 진행했기 때문입니다. 도형, 대수, 교과 선행, 심화, 경시대회, 보완 수업까지 각 파트마다 선생님을 따로 구해서 지도했어요. 이렇게 커리큘럼을 세분화하되 아이가 힘들어하지 않도록 하루에 2~3시간을 넘지 않게 수업 시간을 조절했죠. 그만큼 세심하게 계획하고 수학에 공을 들였어요. 그렇게 꾸준히 해서 중3 때는 미적분 기본 단계까지 마치고 수능 모의고사 문제를 풀면 80점 후반에서 90점이 나오는 수준으로 올라섰어요.

수능보다 더 어려운
외대부고 내신을 이겨 낸 수학 몰입 공부

그런 노력 끝에 외대부고 자연과학부에 합격했습니다. 외대부고에 가 보니 역시나 수학 잘하는 친구들이 정말 많더라고요. 대부분 선행까지 다 마치고 온 상태였고, 개중에는 정말 수학적 재능을 타고났구나 싶은 아이들도 있었어요. 저희 아이는 그렇진 않았고 어릴 때부터 꾸준히 노력해서 쌓은 실력으로 승부를 봐야 했죠. 그걸 알고 있었는데도 1학년 중간고사 성적이 생각보다 안 나와서 당황했어요. 4등급이 나와서 정말 깜짝 놀랐지만 바로 전략을 다시 세웠습니다. 다 잘할 수 없다면 이과니까 수학에 더 집중하는 게 맞겠다고 판단했죠. 그렇게 결심하고 1학년 여름방학 때부터 7명을 모아 스터디룸을 만들었죠. 당연한 얘기지만 7명 모으는 것도 아무나 모은 건 아니었어요. 외대부고 학생을 쭉 살펴보면서 어떤 아이랑 같이 공부해야 서로 시너지가 날까 고민하고 고민해서 리스트를 뽑고 그 아이들을 설득한 거죠. 그렇게 아침부터 밤까지 수학 몰입 학습을 시작했어요.

외대부고는 내신이 모의고사보다 훨씬 어려운 학교입니다. 학생들이 대부분 모의고사는 수월하게 100점을 받아요. 1학년 때는 절반 이상이 100점일 정도니까요. 그런 학생들끼리 경쟁해서 내신 점수가 나오니 정말 수준이 높고 경쟁이 치열하겠죠. 오히려 수능 수학은 당연히 100점을 받는다고 생각했을 정도였어요. 그럴수록 아이가 수학에 더 집중할 수 있게 방학 때 하루 10시간씩 수학에만 몰입해서 공부하게 했습니다. 그렇게 해서 서울대 공대를 간 걸 보면 결국 노력은 보상을 하더라고요.

엄마의 고생이
아이의 성적표 숫자로 돌아온다

수리 논술을 준비한 것도 주요했던 것 같아요. 스터디룸 팀원들도 같이 준비해서 모두 생글논술경시대회에서 상도 받고 그걸로 외대부고 홈페이지에도 소개됐죠. 다시 돌이켜 봐도 정말 고등학교 때 수학에 어마어마하게 몰입했네요. 주 7일 수학을 시키면 화학, 국어, 생물 같은 과목은 주에 한 번밖에 못 하는데도 그걸 감안하고 아이가 수학에 완전히 빠져서 몰입할 수 있도록 환경을 조성하려고 했으니까요. 아이가 영재는 아니란 걸 알고 그러면 더 성실하게 키워야겠다고 결심하고, 아이도 지치지 않고 따라올 수 있도록 치열하게 노력했어요. 엄마는 고생스럽지만 노력하면 할수록 아이가 다른 거 신경 안 쓰고 수학 한 가지에 집중해서 꾸준히 깊게 공부할 수 있으니까요. 그게 서울대 공대까지 직진할 수 있었던 힘입니다.

목표도 공부법도, 차원이 다른 1등급 완성 서울대 초중고 영어 로드맵

**초등 전까지는
자다가도 영어가 나오는 환경을 만들어라**

아이를 서울대 공대에 보낸 저는 유아 영어 유치원부터 고등 수능 영어까지 20년 넘게 영어를 가르쳐 왔어요. 아이들마다 실력도 목표도 전부 다르기 때문에 프로그램을 짜 놓고 아이를 거기 끼워 맞추기보다는 아이가 어떤 목표를 가지고 있고 어느 정도의 실력을 가졌는지 파악한 후에 맞춤형 커리큘럼을 구성하려고 해요. 예를 들어 어떤 아이는 외고나 국제고 진학을 원하고 어떤 아이는 일반고 가서 1~2등급을 받겠다고 하고 그냥 중학교 내신 수준에서 잘하고 싶은 아이도 있고요. 저는 아이의 목표, 영어 실력, 부모님의 기대를 파악한 후 아이의 강점을 강화하고 약점을 보완하는 방법으로 접근합니다. 이런 경험을 살려서 제 아이들 영어 교육도 꼼꼼하게 챙겼죠.

일단 제 아이는 약간 특수 케이스라고 할 수 있어요. 7살 무렵에 미국에서 지내면서 영어에 자연스럽게 노출되었거든요. 물론 이게 영어 성적을 몽땅 결정한 건 아니지만 남들보다 유리한 출발선이긴 하죠. 이후로도 영어를 일상적으로 접하는 환경을 이어 가려고 집에서도 중간중간 영어를 계속 사용했죠. 그렇게 꾸준히 영어를 접할 수 있게 했고 오히려 영어 유치원은 6개월만 다녔는데, 아이가 영어에 충분히 익숙해졌으니 한국어를 좀 더 잘하는 게 오히려 도움이 되겠다 싶었기 때문이에요.

초등 영어도 세분화는 선택이 아닌 필수다

초등학교 1학년 때 원어민 선생님을 모셔서 팀 수업을 했는데 이때부터는 단순히 영어에 노출되는 환경을 만드는 걸 넘어서서 좀 더 '공부'에 가까운 형태인 거죠. 3학년이 되고는 제가 직접 아이에게 문법을 가르쳤어요. 아직 어린데 왜 문법을 벌써 가르쳤는지 궁금하실 수 있을 거예요. 제가 미국에 있을 때 느낀 건데 학생들이 문법이 안 되니까 글쓰기도 안 되고 대학 가면 필수인 에세이 쓰기도 전혀 안 돼요. 어차피 입시에도 필수적인데 아이가 뒤처지는 게 아니라면 굳이 늦게 시작할 이유는 없죠. 기본 독해까지 포함해서 제가 지도했는데 아이가 고등학교에 가서는 '문법 여왕'이라는 말을 들을 정도로 큰 강점이 됐어요.

초등 5학년부터는 토플을 시작했는데, 제가 직접 가르치기 어려운 영역은 과감하게 학원에 맡기고 나머지는 제가 맡아서 분리 학습을 진행했어요. 그렇게 꾸준히 해서 6학년 때 90점 정도 나왔죠. 6학년이 되고는 어학원 에세이 반을 반년 정도 다녔어요. 그리고 영어 토론 학원을 따로 끊었죠. 수학과 마찬가지로 영어도 문법, 독해, 토플, 에세이, 토론까지 세분화해서 따로 관리한 거예요.

중등 영어, 전략 없이 덤비면 깨진다

중학생 때 영어 학습 목표는 내신 등급 확보, 고등 대비 수능 1등급 기반 다지기, 외고나 국제고 준비, 이렇게 세 가지로 크게 나뉩니다. 세 가지 다 다르게 접근할 필요가 있기 때문에 아이가 무엇을 원하는지, 어떤 부분이 부족한지 면밀히 파악한 후 학습 방향을 설계할 필요가 있어요. 예를 들어 외고를 가려면 중학교 시기부터 고등학교 내신을 예측하고 준비해야 하고, 단순히 중학교 내신만 잘 받겠다는 아이와는 접근법부터 다르게 가져가셔야 합니다.

저희 아이는 중학교에 들어가고 나서 내신 대비와 함께 고등 입학 이후를 염두에 두고 텝스를 시작했어요. 텝스가 용어 자체도 학술적인 어휘가 많고 지문 자체도 어렵죠. 그러다 보니 문장 구조, 배경지식을 쌓는 데 정말 좋거든요. 어휘가 단순하지 않다 보니 단어의 숨은 뜻 같은 걸 공부하면서 어휘력도 굉장히 깊어지고요. 그래서 텝스 공부는 중3까지 꾸준히 했어요.

이렇게 텝스까지 진행할 정도면 기본기는 차고 넘치게 갖췄다고 할 수 있겠죠. 그런데 저는 이렇게 영어 실력이 어느 수준 이상으로 올라가면 그다음부터는 전략이 더 중요하다고 생각해요. 예전에 제가 학원을 운영하면서 영어가 4등급이던 고3 학생을 3개월 만에 1등급으로 만들어 줬던 적이 있어요. 그 학생은 기본기와 실력이 갖춰져 있는데도 문제 유형 분석이나 정답만 빠르게 잡아채는 기술, 버려야 할 문제와 절대 놓치면 안 되는 문제를 구분하는 능력 등 소위 '공부 스킬'이 부족하고 전략이 없어서 헤매고 있더라고요. 그래서 제가 직접 수업을 한두 차례 진행하면서 아이의 스타일을 연구했죠. 약점과 강점을 철저하게 분석해서 약점은 보완하고 강점은 강화하면서 90점 이상, 1등급으로 가는 전략을 단계별로 세워 수업을 진행했어요.

수능, 내신, 논술형 영어로
고등 영어를 완성하다

고등 영어는 오히려 심플합니다. 내신, 수능, 논술형 영어까지 할 수 있는 걸 다 해야 하니 오히려 고민은 덜 하죠. 결국 셋 모두 핵심은 얼마나 전략을 세우고 접근하느냐에 달려 있어요. 학원과 선생님을 꼼꼼히 조사해서 얼마나 내 아이에게 적합한 맞춤 커리큘럼과 세분화 학습을 제공할 수 있는가를 중점에 두고 판단하시면 실력을 빠르게 끌어올릴 수 있죠.

그리고 컨설팅을 받는 것도 좋은 선택입니다. 결국 아이들 공부의 궁극적 목적은 대학 진학이잖아요. 어떤 과를 목표로 하는지, 어떤 학교를 지망하는지, 아이 성향은 어떤지에 따라 과목별 수업의 방향도 달라질 필요가 있고 그런 부분에 서투르면 전문 컨설턴트의 도움을 받는 게 확실하고 효과적이라고 생각해요.

이러한 입시 경험의 핵심만 정리하면 초등 시기엔 노출과 기초 구축, 중등 시기엔 목표 세분화와 전략적 접근, 고등 시기엔 맞춤 커리큘럼과 철저한 관리라고 할 수 있습니다. 그리고 어떤 공부든 아이의 목표와 상황에 맞춰서 진행해야 한다는 것을 유념하세요.

5장

엄마 컨설팅 없이는
돈 부어도
성적 절대 안 오릅니다

대학 보내고 남 되실 건가요?
대학 잘 보내 놓고 후회하지 않는 법

**아이에게 돈을 많이 쓸수록
짜증도 많아진다**

제가 엄마들한테 늘 하는 말이 '엉뚱한 데 돈 쓰지 마세요'입니다. 학종 포기하고 논술로 가야겠다고 결심하면 엄마들이 바로 뭘 하려고 할까요? 급한 대로 아무 논술 학원에나 일단 보내고 나서 생각하려고 합니다. 저는 절대 그러지 마시라고 말씀드려요. 논술이 어떤 방식으로 출제가 되고, 어느 과목의 지식을 주로 검증하려고 하는지 대학별 기출문제에 다 나와 있으니 그걸 먼저 보시라고 해요. 출제 경향이 거기에 다 담겨 있거든요. 그리고 선행 학습 영향 평가 보고서도 정말 보물이에요.

이처럼 무턱대고 '거기가 좋대', '어느 강사가 유명하대' 하고 등록부터 하기 전에 아이의 수준과 등록하려는 교육 서비스에 대해 검토하는 건 필수예요. 컨설팅을 받아도 되지만 엄마가 직접 분석해도 효과가 괜찮습니다. 저는 가능하면 이렇게 줄일 수 있는 비용은 최대한 줄이는 걸 추천하는데, 단순히 돈을 아끼는 문제가 아니라 아이의 감정과 연관이 있어서 그래요. 엄마가 아이 입시에 필요 이상으로 돈을 많이 쓰면 자기도 모르게 아이에게 짜증을 많이 내게 돼요. 결과가 안 나오면 "너 그만큼 비싼 교육을 받고도 성적이 왜 이 모양이야!"라고 할 테고 결과가 어느 정도 나와도 "들인 돈에 비해 좀 모자란 느낌인데……"라고 하면서 만족을 못 하게 되거든요.

어쨌든 입시의 최우선 목표는
아이의 행복

입시는 무척 긴 여정이에요. 최대한 짧게 잡아도 3년, 길게 보면 12년이나 드는 싸움이죠. 아이를 처음 기르는 엄마들은 처음에는 무척 허둥지둥 어설프고 바쁘고 힘들고 지치고 눈물 나게 고생하죠. 저는 그런 순간에 아이 교육에 든 돈을 생각하면서 괜히 아이를 다그치고 혼낼 바에야 그 돈 아껴서 아이와 즐거운 추억이라도 하나 더 만들라고 말씀드릴 것 같아요. 긴 여정 끝에 아이와 더 돈독해질지 아니면 남보다도 못한 사이가 될지는 우리 선택이 쌓이고 쌓여서 결정되거든요. 물론 가끔은 다투고 지지고 볶기도 하겠지만 지나고 나면 그것도 다 고소한 냄새가 나는 맛있는 추억이에요. 힘들 때 아이와 서로 다독이고 격려하면서 모르는 건 더 배우고 필요한 건 열심히 찾고 동지애를 쌓듯 관계를 가꿔 나가야 입시가 끝나고 나서 공허하지 않을 거예요.

　엄마들 대부분 아이를 임신했던 10개월을 잊지 못하실 거예요. 입시 시기도 그와 마찬가지로 평생 아이 기억에 남아요. 그때 엄마가 아이한테 어떻게 했는지 아이는 잊지 않거든요. 그러니 부디 입시 때문에 아이와의 관계를 망치지 않기를 바랍니다. 좋은 대학에 보내려 아등바등 애쓰는 이유도 결국 아이가 행복하길 바라기 때문이라는 걸 늘 기억하세요.

아이 유치원~초등 때 '이것' 안 해 주면 평생 아쉽고 미안하다

아이와 놀면서 '경험 치트키' 깔아 주는 법

아이가 어릴 때 뭘 해 줬는지 곰곰이 떠올리다 보면 '이건 내가 정말 잘한 거지'라고 생각하는 것도 있고 반대로 후회가 많이 남는 것도 있더라고요. 서울대 공대 엄마는 참 잘했다고 느낀 걸로 아이에게 다양한 경험을 선물해 주려고 했던 걸 꼽아요. 음악, 미술, 체육처럼 여러 활동을 두루 접하게 하고 연극 교실을 보내거나 예술의전당, 혜화동에 데리고 다니면서 뮤지컬도 같이 보고 그랬는데 아이가 그때 그렇게 해 준 게 크고 나서 보니 참 고맙다고 얘기했다더라고요. 사실 요즘 엄마들 유·초등부터 공부에 집중해야 하는 건 아닌가 생각해서 점점 예체능 학원을 줄이려고들 하잖아요. 그런데 이런 경험은 입시를 떠나서 인간으로서 살아가는 데 정말 큰 힘이 됩니다. 다양한 친구와 어울리고 이해의 폭이 넓어지니 사회성도 자연히 키워지고요.

국문과 엄마인 저는 특별한 기관에 보내지 않았지만 영어 노출을 늘려 보려고 노력한 게 참 잘한 일이었어요. 아이가 예닐곱 살 때 매주 미군 부대 교회에 데리고 다녔거든요. 제가 신앙이 있는 사람도 아니고, 주말에 일찍 일어나는 걸 정말 힘들어하는 편인데도 그걸 2년을 했어요. 아침 7시에 일어나 준비시켜서 9시까지 데려다주고 2시간 동안 기다렸다가 데리고 왔죠. 그때는 사실 대단한 생각이 있었다기보다 영어에 많이 노출되면 좋을 것 같아서 한 거였는데 지금 돌아보면 그 경험이 영어에 대한 동기를 확실히 심어 준 것 같아요. 거기 다닌 후부터 아이가 스스로 "저거 뭐라고 쓰여 있는 거야?"라고 말하면서 영어를 배우고 싶어 하더라고요. 그래서 6개월 프로그램 파닉스를 끊어 줬죠.

생각해 보면 정말 정보를 얻기도 쉽지 않고 선배 엄마들을 만나기도 쉽지 않은 시절이었는데 다행히 저런 결정을 해서 아이를 잘 기른 게 스스로 대견하기도 합니다.

밥 좀 해 먹일걸,
한 끼는 사소해도 유대감은 사소하지 않다

반대로 후회되는 것도 있어요. 공대 엄마는 일이 바빠서 요리를 많이 못 해 줬어요. 음식에 크게 관심이 없기도 했고 제대로 정성 들여 해 줄 일이 거의 없었죠. 그래서인지 아이 체력이 약하다고 느낄 때면 괜히 미안함이 남았대요. 아이랑 할머니 댁에 다녀오면 아이가 잘 먹어서 살짝 통통해지고 기운도 넘치는데 엄마랑 있으면 괜히 처지는 느낌이라 그게 늘 마음에 걸린거죠.

저는 드물게 김밥이나 계란 덮은 김치볶음밥 같은 걸 도시락으로 싸 준 적이 있었는데 아이가 그걸 아직도 기억해요. "이번 주에 집 가면 그거 해 줘." 하거든요. 그걸 보면 아이에게 밥 한 끼 챙겨 주는 일이 참 사소한 일이라고 생각할 수도 있지만 거기 담긴 정성, 그걸로 형성되는 유대감은 평생 간다는 걸 알 수 있어요.

그리고 또 후회되는 건 제가 수학에 대해 너무 무지했다는 거예요. 교육 기자로 일하면서 유명 수학 학원 원장님을 인터뷰한 적이 있는데, 당시에 아이가 4학년이었어요. 그래서 아이 수학을 어떻게 지도해야 하나 여쭤봤더니 "지금은 좀 놀게 둬도 됩니다."라고 하시는 거예요. 저부터가 수학을 좋아하지도 않고 잘 모르는 사람이다 보니까 그 말을 철석같이 믿었죠. 남들이 보기엔 그냥 방치하는 것처럼 보였을 것 같네요. 결국 6학년이 되어 중학 입학을 앞두고 학원 테스트를 보게 했는데 30점이 나왔어요. 그때부터 수학에 대해 불안과 조급함이 폭발하면서 아이를 몰아붙이기 시작했죠.

그랬더니 당연하게도 아이는 스스로 수학 자신감이 바닥을 치고 수학 트라우마가 생겼어요. 고2 때 겨우 극복하긴 했지만 다시 생각해도 '엄마로서 내가 너무 미성숙했고 일희일비하는 바람에 아이를 더 힘들게 했구나' 하고 후회가 되죠.

나를 위해서도 아이와 함께 시간을 보내는 게 좋다

서울대 의대 엄마의 후회는 아이가 어릴 때 함께 많은 시간을 보내지 못한 거예요. '일하느라 바쁘다', '엄마도 주말엔 좀 쉬자' 갖은 핑계로 아이와 깊이 있게 교감하지 않았고 때로는 일에 지쳐 제 컨디션이 나쁘다는 이유로 괜한 짜증을 부리기도 했다고 해요. 지금 돌이켜 보면 엄마가 건강하고 에너지가 있어야 아이가 주는 스트레스도 휘발시킬 수 있다는 걸 절실히 느껴요. 그러지 못하면 아이를 잘 기르는 데 온 힘을 다 쏟았는데 정작 아이는 엄마와 데면데면한 사이가 됩니다. 아이와 그런 관계가 되고 싶은 엄마는 없죠. 무엇보다 아이가 아무리 속을 썩여도 결국 자식은 존재 자체로 엄마의 기쁨이라는 걸 모두가 알잖아요. 그러니 엄마 본인의 행복을 위해서도 아이와 시간을 보내는 건 필수입니다.

예전엔 그런 조언을 해 주는 선배 엄마를 만나기가 힘들었으니 초보 엄마로서 엄청나게 실수하고 시행착오를 겪으며 배운 거죠. 저도 서울대 보낸 엄마를 우연히 알게 되었을 때 너무 위대해 보여서 질릴 정도로 쫓아다닌 기억이 있습니다. 그분께 많은 도움을 받았죠. 결국 우리 모두 엄마가 처음이라 실수도 하고 후회도 하는 거예요. 이제는 제가 선배 엄마로서 후배 엄마들에게 이렇게 말해 주고 싶어요. 작고 소소한 것들이 결국 아이의 삶에 오래 남는 기반이 됩니다. 여러분은 이걸 잊지 말고 아이와 함께 '완벽하지 않아도 행복한' 시간을 보내길 바라요.

엄마가 직접 하면 최소 수백만 원 아낄 수 있는 내 아이 입시 컨설팅

넘쳐 나는 입시 정보, 돈과 멘탈을 낭비하지 마라

요즘은 입시 정보가 없어서가 아니라 너무 넘쳐서 문제죠. 저는 선배 엄마를 못 찾아서 고생이었지만 요즘은 엄마들이 넘쳐 나는 정보를 사냥하듯이 찾아다녀요. 그런데 그러다 보면 어느 순간 조급증, 갈급증에 휩싸이게 됩니다. 그러면 문제가 뭔지 아세요? 지나고 보면 그렇게까지 안 해도 됐을 것까지 조급한 마음에 마구 시키게 된다는 거예요. 이만큼만 시켜도 대학 잘 갔을 아이를 괜히 고생

시키고 그 때문에 엄마랑 감정적 거리만 벌어지죠. 이처럼 정보의 양이 너무 많다 보니 '딱 이만큼만 알자'라는 기준을 세우지 않으면 정리가 안 돼요. 많은 조언을 들어도 기준이 서 있으면 그중에서 나한테 필요한 지식만 골라서 적용할 수 있습니다.

학원 설명회?
내 아이 맞춤형 엄마 컨설팅

입시에 대해서 엄마가 공부해야 하는 건 당연하죠. 근데 무작정 다 알 필요는 없어요. 엄마가 정말로 알아야 하는 건 '우리 아이한테 알맞은 전형'입니다. 학종이면 학종, 정시면 정시, 성향과 강점에 알맞은 전형이 아이마다 다 다른데 그걸 엄마가 먼저 깊이 있게 이해하면 플랜이 눈에 보이죠. 문제는 입시 구조에 대한 개념이 안 잡혀 있는 상태에서 남의 말만 무작정 듣게 되면 정보가 뒤죽박죽 섞인다는 거예요. 수시, 정시, 교과, 종합, 논술까지……. 이걸 제대로 분류하지 않으면 학원 설명회든 어디든 가 봐야 아무런 효과가 없어요. 제아무리 좋은 설명을 들어도 머릿속이 혼란스럽기만 할 겁니다. 더구나 학원 설명회나 컨설팅에서 듣는 말은 결국 '가공된 정보'라고 할 수 있어요. 그런 데를 아예 가지 말라는 게 아니라 가더라도 꼭 엄마가 직접 그 정보들을 소화하고 아이에게 맞춤형으로 분류하여 제공할 필요가 있다는 거예요. 바로 그게 엄마 컨설팅이죠.

고3 엄마의 눈으로 보되 옆집 아이처럼 대하라

엄마 컨설팅을 위해 입시를 제대로 파악하려면 '고3 엄마의 눈으로 초등 아이를 보는 것 같은 시각'이 필요합니다. 그래야 조급해지지 않고, 아이가 중간에 뭔가 놓쳐도 "괜찮아. 그럴 수도 있지."라고 하면서 넘길 수 있어요. 그런데 반대로 엄마의 기대가 너무 높아 아이를 이미 명문대생으로 보고 있는데 정작 엄마의 입시 파악 수준은 초등 엄마와 비슷한 경우는 어떨까요? 아래에서 위로 입시를 올려다보면 작은 일에 일희일비하기 쉽고 엄마 마음이 무척 요동칩니다. 입시를 지나치게 무겁게 생각하고 무한 경쟁의 장으로 여기면 아이에게도 그 압박이 고스란히 전달됩니다. 저는 그런 부모님들께 옆집 아이를 대하듯 내 아이를 대하라고 말씀드리고 싶어요. 옆집 아이한테는 보통 칭찬만 하잖아요. 우리 아이한테도 그만큼 관대해질 수 있어야 해요.

그리고 비교 심리를 갖지 말라고도 하고 싶어요. 엄마가 자꾸 비교하고 경쟁에서 이기라고 부추기면 아이도 친구랑 비교하게 돼요. 그러면 아이가 진심으로 마음을 열고 사람을 대하기가 무척 어려워집니다. 괜히 조급해하지 마세요. 저도 아이가 반장 선거도 안 나가고 조용히 공부만 하길래 '애가 너무 소극적인 거 아닌가?' 생각했던 적이 있어요. 그런데 아이가 그러더라고요. "엄마, 나는 조용히 묻어가다가 마지막에 확 치고 나가서 앞서가려고." 그 말을 듣고 충격을 받았죠. 아이 나름대로 계획이 있었던 거예요. 결국 고3 때 반장도 하고 이것저것 맡아 하면서 해내더라고요.

진로 고민은 중3 때 끝내야 뒤처지지 않는다

입시 전략에서 진로 설정은 무조건 중학교에서 끝내야 해요. 고등학교 들어가면 탐구 과목 선택부터 모든 게 진로와 직결되거든요. 그런데 정작 고2가 될 때까지 "내가 뭘 좋아하는지 모르겠어요."라고 말하는 아이들이 태반이죠. '중3은 고3이다'라는 말을 꼭 명심하세요. 절대 과장이 아닙니다. 고등학교 올라갈 때 내가 주력할 과목이 이미 정해져 있어야 하고 진로에 따라 과목을 미리 깔아 놔야 해요. 그러지 못하면 입시 흐름 자체가 무너집니다. 꿈을 크게 가지라는 둥 추상적인 말을 하는 게 아니라 입시 로드맵 안에서 현실적으로 필요한 준비를 하기 위해 진로 설정은 필수라는 겁니다.

데이터상으로 고등학교 입학 후 국영수 성적 2등급 이상 상승하는 아이는 3%밖에 안 돼요. 대부분 낮아지면 낮아지지 고등학교 와서 성적이 오르는 아이는 극소수예요. 고등학교에서는 정말 웬만해선 '한 방' 없습니다. 초중등 때 차곡차곡 쌓아 온 게 빛을 발하는 시기예요. 그러니 더더욱 남의 말에 휘둘려서 수백만 원 쏟아부으며 후회하지 마시고 내 아이를 위한 엄마 컨설팅에 집중해 보세요.

학종 포기한 아이?
엄마라도 플랜 B가 있어야 한다

**고등학교 가면 성적 오를 거라는 착각,
이제 그만하세요**

많은 엄마가 내 아이는 고등학교 가서 한 방에 성적 올릴 수 있을 거라고 생각하십니다. 그런데 과연 정말로 그럴 수 있을까요? 다시 말하지만 국영수 기준으로 2등급 이상 상승하는 학생 비율은 전체 학생의 3%밖에 안 돼요. 대부분은 떨어지지나 않으면 다행이죠. 심지어 고교학점제가 도입되면 더더욱 한 방이 있을 수가 없습니다. 중학교 때 언어력, 독서력, 학습 루틴 같은 기반을 얼마나 잘 갈

고닦아 놓느냐가 아이 대학 입시를 결정한다고 보셔도 무방할 거예요. 고등학교 공부는 암기만으론 죽어도 잘할 수가 없어요. 개념을 상황에 적용하는 훈련이 되지 않은 아이들은 성적이 오를 수가 없죠. 수능은 '배웠던 문제'를 푸는 시험이 아니라 '배웠던 개념'을 '배운 적 없는 문제'에 적용해서 푸는 것이기 때문이에요. 그러니 중학교 때 그런 훈련을 안 하고 고등학교로 넘어오면 바로 차이가 벌어지기 시작하죠.

중학교 1등이
고등학교에서 현타 오는 이유

물론 중학교 때 상위권이었던 아이들이 고등학교 가서 성적이 떨어지기도 해요. 그러나 그건 구조적인 문제죠. 중학교는 절대 평가라 A가 절반이고 어떤 학교는 심지어 학생 90%가 A를 받기도 해요. 그러니 A 받은 학생들 모두 '나 이러다 SKY 가는 거 아니야?'라는 생각을 하기도 하죠. 그런데 고등학교에 올라가면 절대 평가가 아니라 상대 평가로 바뀌죠. 단 4%, 5등급제 시행 이후로는 10%만이 A를 받습니다. 그리고 SKY는 4~5% 안에 들어야만 갈 수 있죠. 결국 고등학교 입학과 동시에 95%는 SKY의 꿈을 포기하고 현실 자각 타임을 겪는 거예요. 입시에 대한 공포와 두려움이 그렇게 시작되죠.

입시 공포, 엄마가 개념만 알아도 절반은 사라진다

요즘은 사실 입시에 대한 정보가 넘쳐 나는 시대라 돈 들이지 않아도 엄마가 그 개념만 정확히 알면 충분히 준비할 수 있습니다. 저도 교육 기자로 쭉 지내 오면서 학원 입장도 겪어 보고, 학부모로서 고생도 해 보고, 컨설턴트 말도 들어 보고, 전국 학부모들과 강연도 했는데 결론은 이거예요. "어머니, 이렇게까지 안 하셔도 됩니다." 물론 충분히 해낼 수 있는 아이에게 교육을 더 시키고 전념하는 건 아무 문제가 없어요. 하지만 엄마가 조바심에, 안 시키면 큰일 날까 봐 시키는 공부는 좋을 게 하나도 없습니다. 그건 그냥 돈 낭비, 시간 낭비일 뿐이에요.

입시에 대한 공포와 두려움을 걷어 내세요. 내가 잘하고 있는 건지 걱정되고 불안하시더라도 입시에 대한 핵심 개념만 확고히 잡으시면 됩니다. 우리나라 입시가 제아무리 변화무쌍하고 어제는 맞던 게 오늘은 바뀌어도 곁가지가 아닌 핵심과 본질은 흔들리지 않아요. 그리고 엄마가 정보에 휘둘리지 않아야만 자기 아이에게 맞는 전략을 택할 수 있어요. 똑똑한 엄마는 설명회에 다니기보다 입시 개념서를 먼저 읽어요. 그렇게 준비가 된 상황에서야 설명회든 컨설팅이든 의미가 있는 거죠.

저는 늘 어머니들께 목표 대학을 10개 정해서 표로 만들라고 말씀드려요. 수시든 정시든 입시 전략을 짜려면 목표가 있어야 합니다. 목표 대학, 목표 학과를 정하고 대학 정보를 싹 조사해서 계속 탐구와 생기부를 쌓아 가면 그렇게 하지 않은 아이와 확실히 다를 수밖에 없죠. 대학 정보나 경향 같은 걸 파악하기 어렵다고 생각하실 수도 있어요. 그걸 표로 만들어서 정리까지 하려면 더더욱 막막할 수도 있고요. 그냥 컨설턴트한테 맡기면 되는 거 아닌지 고민도 되겠지만 컨설턴트한테 맡기더라도 엄마가 그 내용을 모르면 컨설팅이 제대로 이루어지는지 아닌지 파악할 수 없어요. 실제로 제 친구 아이가 고3일 때 대치동에 수시 컨설팅을 받으러 가면서 제가 말한 대로 정보를 표로 싹 정리해서 갔더니 컨설턴트 측이 준비한 자료와 핵심 내용이 거의 동일했다고 하더라고요. 이처럼 지금은 입시에 대한 정보가 책, 유튜브는 물론이고 대학에서 직접 공개하는 것까지 정말 많기 때문에 반드시 필요한 경우가 아닌 이상 돈 내가며 컨설턴트를 찾지 않아도 대부분 엄마가 마음먹고 찾으면 누구나 할 수 있어요.

플랜 B 없는 입시는
그냥 '버티기'입니다

　엄마 컨설팅에서 하나 더 중요한 건 엄마는 언제나 플랜 B를 가지고 있어야 한다는 점이에요. 고등학교 1학년 학생한테 물어보면 대부분 학종을 준비하고 있다고 합니다. 동아리 떨어졌다고 밥도 못 먹고 울고, 수행 평가에 목숨을 걸 정도예요. 그런데 1학년 성적이 나오면 학종 준비한다던 학생의 80%가 학종으로는 인서울도 힘들겠다는 사실을 깨닫죠. 상위 20%만 학종으로 인서울 지원이 가능하다고 보기 때문이에요. 그러면 2학년 올라가면서 정시로 방향을 틀어 버려요. 이때가 정말 갈림길이죠. 엄마 입장에선 그간 들인 노력과 시간이 너무 아까워서 학종을 버리기가 힘들어요. 그런데 정작 아이는 이미 마음이 떠났고 엄마가 보기에도 학종으로 쭉 갔다간 '폭망'이에요. 이런 일이 비일비재하게 일어납니다. 이럴 때를 대비해서 엄마는 언제나 플랜 B를 세워 두고 대비해야 합니다. 그래야 엄마도 아이도 흔들리지 않아요.

서울대 문과 vs 이과, 성향은 타고나는 걸까, 엄마가 만들 수 있는 걸까?

수능 만점자도 의대를 안 쓴다? 서울대 공대의 무게

수능 만점자 11명 중 10명이 이과고 그중 4명은 서울대 의대에 입학할 조건이 되는데도 원서를 안 냈다고 합니다. 의사가 고소득 전문직이고 안정적이라는 건 누구나 알지만 이처럼 공대 쪽으로 방향을 트는 아이들이 늘고 있어요. 2015년에는 의대와 서울대를 동시에 합격한 학생 다수가 연고대 의대를 포기하고 공대에 가서 기사가 나기도 했죠. 의대 광풍이 IMF 이후로 쭉 이어졌는데, 테크 기업들이 어마어마하게 성장하면서 그런 경향이 한풀 꺾이고 의대 대신 고려할 만한 선택지로 공대가 부상한 것 같아요. 그만큼 공학 분야가 재능과 비전을 가진 상위권 아이들에게 도전의 무대로 받아들여진 거겠죠. 공학은 단순히 공부를 잘하는 것과는 좀 다른 느낌입니다. 분야에 대한 재능과 자존감, 비전은 물론이고 세계를 움직이고 바꿔 보겠다는 꿈이 있어야 공대에 가는 것 같아요.

물론 공학은 상위 1~2% 안에 드는 두뇌도 필수입니다. IT, 바이오, AI 업계를 움직이는 리더가 되겠다는 야망이 있으면 그 조직의 '브레인'이 될 필요가 있죠. 이건 그냥 수능 수학 문제를 잘 푸는 것과는 다른 차원의 이야기입니다. 문제를 잘 푸는 수준을 뛰어넘는 '본질적인 차이'는 어느 정도 타고나는 것 같아요. 서울대 국문과를 보낸 엄마로서는 아이가 대학 입시를 위해서 수학을 억지로 한 거지 즐기면서 한 게 아니었다고 생각해요. 공대 가는 아이들과는 상대가 안 되죠. 절대적인 양과 깊이가 다릅니다.

문과가 이과보다 못하다는 편견

아무래도 타고난 문과 아이가 입시 아니면 수학을 즐겁게 할 일은 없죠. 그래서 저는 종종 수학이 재밌고 특별히 어려운 과목이 아니었다고 말하는 이과생들을 보면 존경스럽기까지 하더라고요. 다만 그렇다고 이 말이 문과가 이과에 비해 뒤처진다거나 하는 말은 아닙니다. 문과는 이과와 다른 분야로 훨씬 발달해 있는데 일대일로 비교할 순 없죠. 같은 것을 봐도 다르게 보고, 다르게 생각하고 그 경험을 창의적으로 표현하는 힘이 문과의 힘이죠. 이처럼 완전히 새로운 시각과 관점으로 문제를 푸는 게 문과의 강점이고 그걸 더욱 발달시킨 아이들이 문과로서 조직의 브레인으로 활약하는 거라고 생각합니다.

그런데 만약 저희 아이처럼 문과형인 아이에게 수학이나 과학을 필요 이상으로 강요하면 어떻게 될까요? 결국 상처만 남습니다. 저도 학생일 때 문과였기에 수학과 물리는 최선을 다해도 한계를 느꼈어요. 그런 좌절의 순간을 이겨 내는 방법은 무엇일까요? 그냥 인정하는 겁니다. 나를 깎아내리지 않고 '내가 강점을 갖는 분야가 아니구나' 하고 사실만 인정한 뒤에 다시 내 강점을 발휘할 분야를 찾으면 됩니다. 아이마다 강점이 다르고 한계에 부딪히는 분야가 다른데 그걸 억지로 뛰어넘도록 강요하는 건 위험한 일입니다. 자기 재능 안에서 최선을 다하고 재능 밖의 부족한 부분은 겸허히 받아들이는 태도가 아이를 더 크게 기르는 방법입니다. 결국 문과, 이과 성향은 엄마가 억지로 교정하거나 만들어 줄 수 있는 게 아니에요.

다만 아이가 어릴 때 그 성향을 빠르게 캐치하고 무럭무럭 자랄 수 있는 토양을 만들어 주면 문과든 이과든 자기 재능을 온전히 다 발휘하면서 그릇이 큰 아이로 자랄 수 있는 거죠. 언제나 중심은 엄마의 바람이 아니라 아이에게 있다는 걸 기억하세요.

학부모 총회 꼭 가야 하나요?
부모 모임에서 절대 하면 안 되는 세 가지

엄마가 튀면
아이가 불편해진다

3월 중순이면 학교마다 학부모 총회가 열리죠? 고1 첫 총회는 특히 긴장되는 자리입니다. 저도 그때를 떠올려 보면 굉장히 많이 긴장했던 기억이 나요. 사실 학부모 총회는 학교에서 학부모를 초청해서 '우리 학교는 학생들을 이런 방식으로 가르칩니다' 하고 보여 주려는 거잖아요. 학교의 교육 과정, 운영, 입시 지원 등을 학부모들에게 어필하고 설명하는 자리인데 그런 자리에 가면서 가져야 할 마음가짐은 뭘까, 뭘 준비해야 할까 엄마로서는 고민이 많고 긴장될 수밖에 없죠.

저는 직장을 다니던 때에 첫 학부모 총회를 가게 되어서 오피스룩에 당시에 철없는 마음에 샀던 체인 번쩍번쩍한 명품 가방을 메고 갔어요. 나중에 "그 집 엄마는 아나운서냐."라는 소문까지 났더라고요. 지금 생각하면 너무 민망한 일이죠. 저처럼 차려입고 간 게 아니라도 단순히 가방 하나 특이한 걸 메도 총회에서는 무척 튀어요. 총회는 선생님과의 첫 면담 자리인 데다 여러 학부모와 처음 마주치고 인사하는 자리기도 하니까 너무 튀지 않게, 깔끔하고 단정하게 입고 가는 게 좋습니다. 교실로 이동해서 본격적으로 다른 엄마와도 탐색전에 들어가는데 반짝이는 옷차림, 명품 가방 같은 건 괜히 기억에 남고 나중에 입방아에 오르기도 쉬워요.

가끔 보면 "우리 아이 중학교 때 공부 잘했어요." 같은 이야기를 은근히 흘리며 주목받길 원하는 엄마들도 있는데 듣는 사람 입장에서는 괜히 경계심만 들고 쓸데없는 경쟁 심리나 긴장감만 조성할 뿐이에요. 그러니 튀는 복장이든 튀는 언사든 처음엔 최대한 자제하면서 조용히 모임의 분위기를 살피는 걸 추천해요. 엄마가 앞에 서서 떠들면 아이는 그만큼 엄마의 그늘에 가리는 형국이 되어 오히려 위축되기만 합니다. 기억하세요. 엄마가 모임에서 튀는 만큼 아이는 학교에서 불편해집니다.

입시 정보 아는 척이
관계를 망친다

총회가 끝나고 엄마들끼리 모이면 본격적으로 입시에 관한 이야기가 오가요. 처음에는 다들 어색하고 민망해서 말을 아끼다가도 한 분이 입을 열기 시작하면 점차 활발하게 얘기도 나누고 정보도 교환하고 하게 되죠. 특히 첫째 대학 보내고 둘째 때문에 총회에 온 베테랑 엄마들이 '여기는 수시 별로다', '저기가 정시 학교다' 같은 이야기를 많이 해요. 또 '우리 큰애가 그랬잖아요' 같은 식으로 소위 '카더라'성 이야기도 많이 합니다. 처음 입시를 겪는 엄마, 그것도 고등 학부모 총회는 처음인 엄마들은 그런 말만 들어도 겁나고 그분이 대단해 보이죠. '저분은 확실히 입시 전문가인가 보다' 생각하면서 어느새 슬금슬금 그분 말만 믿게 되고요.

그런데 제가 책에서 줄곧 말한 것처럼 아이마다 맞는 전략이 다르고 입시의 근본은 변하지 않아도 디테일은 매번 변하는데 그렇게 단정적으로 말하는 내용이 과연 신뢰할 만한 정보일까요? 물론 그분도 본인의 경험을 말한 것일 수 있고, 거기에 공감 가는 내용이 아예 없지는 않겠지만 그냥 자기 경우를 말하는 분이라고 생각하고 '내 소신', '내 방식'을 완전히 바꾸지는 마세요. 그중에서 도움이 되는 정보만 쏙쏙 골라 듣는 능력을 기르세요.

엄마 경쟁심이
아이 경쟁심이 된다

    사실 고등학교 3년 동안 엄마들끼리 관계를 이어 가는 게 쉽지 않아요. 겉으론 웃고 있어도 다들 속으론 '저 집 애가 우리 애보다 잘하면 안 되는데' 같은 감정을 깔고 있죠. 부모들끼리 그런 경쟁심을 가지고 총회 때마다 부딪히거나 묘하게 갈등 기류를 형성하면 그런 부정적인 경쟁심이 아이에게도 전해집니다. 애들이 고등학교를 같이 다닌다는 건 평생 가는 친구가 될 수도 있다는 건데 같이 재미있게 학교생활 잘해야 할 아이들끼리 어색해지고 관계도 서먹해지는 건 너무 큰 불행 아닐까요?

    반대로 마음을 단단히 먹고 서로 잘 맞는 엄마들끼리 고3까지 끝까지 함께 가는 경우도 있어요. 이런 엄마들은 갈수록 연대도 강해지고 상부상조 정신이 생겨서 정말 친구처럼, 동료처럼 끈끈하게 지내게 되죠. 처음엔 아이 입시 때문에 만난 관계가 나한테 참 좋은 친구를 만들어 주기도 하는 거예요.

    그러니 아이가 잘하든 못하든, 엄마는 너무 튀지 않고 나서지 않고 괜히 경쟁을 부추기지 않는 게 아이에게 부담 주지 않는 길입니다. 얻어야 할 정보는 정확히 얻되 남의 말에 너무 흔들리지 않으면서 학부모 총회를 최대한 활용하도록 노력하세요.

인간관계 난이도 끝판왕, 엄마들 모임 잘 활용하면 이만한 게 없다

**시작은 총회,
참여 여부는 선택**

학부모 관계를 적극적으로 활용하는 분들도 계시고 아예 모임에 참여하지 않는 분들도 있죠. 학부모 총회가 3월 중순에 시작된 이후에 엄마 모임까지 발전하느냐 마느냐는 전적으로 엄마들 선택에 달렸어요. 적극적인 엄마는 학교 운영회나 임원 활동, 반 행사 담당도 자발적으로 맡으면서 의견을 제안할 기회도 만들고 학교에 자기 자리를 만들죠. 학교생활을 엄마가 직접 겪는 게 아니니 아이의 말만으로는 부족하게 느낄 수 있잖아요. 그럴 때 학교 선생님, 다른 엄마들 이야기까지 들어야 종합적으로 판단이 되니까요. 그 외에 학교 밖에서 사적으로 만나는 엄마들 모임까지 형태는 다양합니다. 학부모 총회 때 말했듯 어떤 엄마들은 그런 모임을 계기로 입시를 졸업하고도 여전히 친하게 지내기도 해요. 아이들은 서로 잘 몰라도 엄마들끼리는 여행도 같이 갈 정도로 친근해진 거죠.

모임 안 가면 왕따?
절대 아니다

반면에 어떤 엄마들은 "나는 일단 손 안 들었어요."라고 하시거나 "애가 반장이라 어쩔 수 없이 맡았어요."라고 하시면서 가능한 한 모임을 피하려는 경우도 있어요. 아무래도 자리를 맡으면 부담도 크고, 일 때문에 바쁜 분들은 제대로 역할을 못 하기도 하잖아요. 실제로 어떤 분은 고3 때 학부모회장까지 맡았는데 거의 운영이 안 될 정도였다고 하니까요. 그런데 나중에 학교에 물어보니 오히려 그게 더 편했다고 하더라고요. 학교라고 무조건 적극적인 학부모를 선호하는 건 아니라는 거죠.

그러니 워킹맘이라고 손해 볼 것도 없습니다. 다른 방식이 있어요. 아예 솔직하게 "나는 모임에 나오진 못한다. 그래도 정보 공유는 받고 싶다."라고 말하면 안 그럴 것 같지만 모임 속에서 배려가 생겨요. 실제로 그렇게 말씀하시는 워킹맘을 만나 봤는데, 다른 엄마들이 회의 내용 같은 걸 요약해서 따로 알려 주시더라고요. 물론 그분도 그만큼 다른 부분에서 모임을 지원하려고 애를 쓰는 등 서로 상부상조였으니 가능한 일이었죠. 여기서도 핵심은 조급해하지 않는 것과 솔직함, 열린 태도예요. 무리해서 남들 따라가지 않아도 된다는 좋은 사례죠.

엄마가 인싸인 걸 티내지 마라
애는 스트레스 받는다

그런데 엄마들이 학교 와서 이것저것 활동하는 걸 아이들이 싫어하는 경우가 많아요. 특히 중고등학생일수록 더 심해요. 그래서 저는 학교 활동 끝나면 곧장 귀가하라고 조언하죠. 수업 시작 전에 모임을 일찍 하고, 끝나면 바로 귀가해서 아이는 엄마가 학교에 왔다는 사실조차 모르게 해 버리는 거예요. 물론 아이에게 "엄마가 이런 활동 하려고 하는데 괜찮니?" 물어보는 것도 중요하죠. 한창 예민한 시기인 아이에게 다른 짐을 떠안길 필요는 없으니까요.

그리고 모임에서 남 험담 같은 쓸데없는 말을 너무 많이 하면 무조건 탈이 납니다. 다른 엄마들 입장에서 생각해 보세요. 내가 알고 싶지 않은 일을 알게 되면 부담이 생기고 그 일을 알려 준 엄마를 자연스레 멀리하게 되죠. 그리고 모임에서 나온 말이 아이들 관계에 악영향을 미칠 수도 있고요. 그러니 쓸데없는 말을 하지 않도록 유의하셔야 합니다.

결국 모임도
성적 따라 갈라진다

고1 때는 엄마들끼리 다들 친하게 지내자고 말하죠. 하지만 학년이 올라가고 아이 성적이 엇갈리면 보통 관계가 틀어집니다. 아예 2학년부터는 모임에 안 나오는 엄마들도 있어요. 일반고는 특히나 공부 잘하는 아이가 많지 않다 보니 성적 중심 분위기가 더 강하게 작용합니다. 모임에서 지나치게 구체적인 성적 얘기는 금기예요. 누구든 아이 성적 앞에선 무시무시하게 예민해집니다.

여기서 중요한 건 그런 문제로 모임이 없어지거나 모임 내에서 관계가 애매해질 때, '나는 왜 이런 모임에 나와서 이러고 있나' 하는 자괴감에 휩싸이지 않는 거예요. 그럴 땐 내가 모임에 어떤 기대를 갖고 참여했는지 떠올려 보시길 바랍니다. 어쩌다 보니 지인을 만들 수는 있지만 처음부터 사람을 사귀려고 엄마 모임에 나간 게 아니잖아요. 입시 정보를 나누고 아이 성적에 도움이 될 내용을 들으려고 모임에 나온 거죠. 그러니 엄마로서 중심을 딱 잡고 휘둘리지 않아야 합니다.

에필로그

내 새끼 입시 챙길 사람은 나밖에 없다

    안녕하세요. '입시 읽어 주는 엄마' 유튜브 채널을 통해 후배 엄마들과 소통하고 있는 이춘희, 정선임, 최주화입니다. 내 아이 대학 잘 보내고 싶은 엄마들에게 선배 엄마들이 다양한 입시 이야기를 들려주는 채널을 운영하면서 많은 성원과 질문을 받았습니다. 아이의 입시를 앞두고 엄마가 꼭 알았으면 하는 정보, 이것만은 하지 않았으면 하는 이야기를 들려드리고 싶었습니다. 엄마라는 이름은 참 힘듭니다. 아이보다 너무 앞서가도 문제, 너무 몰라도 문제입니다. 심지어 아이가 공부를 못하는 것도 엄마 탓이 되는 현실도 속상하고요.

입시를 둘러싼 분위기가 이렇다 보니 과잉 정보나 잘못된 정보로 더욱 혼란을 겪는 엄마들이 많습니다. '입시 읽어 주는 엄마' 채널은 이런 엄마들에게 힘이 되고 싶어서 단계마다 아이에게 필요한 정보, 아이가 해야 할 것, 엄마가 해 줄 수 있는 것을 이웃집 언니들처럼 수다로 풀어내고 있습니다.

지금처럼 정보가 넘치는 환경에서는 저희가 풀어낸 이야기도 흔하게 접할 수 있는 것처럼 느껴질 수 있습니다. 그렇지만 저희는 이 책을 통해서 서울대생은 애초부터 특별한 아이들일 거라는 편견을 깨고 싶었습니다. 어떤 면에서는 평범에도 못 미치기도 하고 열등감에 사로잡혀 허우적거리기도 했습니다. 입시라는 게 참 복잡하고 오묘한 전략 싸움이라는 생각을 합니다. 《서울대 엄마들의 비밀 입시 토크》라는 책은 내 아이의 숨겨진 강점을 찾아서 극대화할 수 있도록 도와주는 엄마의 역할에 방점을 찍고 있습니다.

저희 세 엄마가 이 책을 통해 하고 싶은 이야기는 다음 네 가지로 정리해 볼 수 있습니다.

첫째, 유아기부터 초등학교 저학년까지 다양한 경험을 통해 창의성을 키워 주는 것입니다. 놀이 위주의 학습과 무한한 상상의 세계를 펼칠 수 있는 동화 읽기를 권장합니다. 수학과 과학도 놀이나 동화를 통해서 접한다면 일상 속의 요소처럼 쉽게 받아들이며 호기심을 가질 수 있습니다. 아이에게 그런 즐거운 경험을 선사해 주세요.

둘째, 초등학교 고학년은 저학년 시기에 다양하게 펼쳐 놓은 것을 아이가 특별히 관심을 보이는 분야로 좁혀 나가면서 놀이에서 학습으로 전환해야 합니다. 자신이 좋아하고 흥미 있어 하는 분야가 어떤 진로와 직업으로 연결될 수 있는지 경험하게 해주세요. 진로 적성 검사도 이 시기부터 받으면 효과가 큽니다. 목표나 목적이 생기면 학습에 대한 동기가 커지기 때문입니다.

셋째, 중학교 시기는 아이의 진로와 진학에 필요한 역량을 완성해야 하는 때입니다. '하고 싶은 것'과 '할 수 있는 것'은 다릅니다. 초등학교 시기에는 하고 싶은 것에 중점을 두었다면 중학교 시기에는 할 수 있는 것에 집중해야 합니다. 의대에 가고 싶다거나 공대에 가고 싶다면 그 분야를 위한 공부 과목은 무엇인지 그리고 그 과목을 얼마나, 어떻게 학습해야 하는지 확실하게 인지하고 그에 맞는 역량을 키워 나가야 합니다.

넷째, 고등학교 시기는 열매를 거두는 시간입니다. 그동안 밭을 갈고 씨를 뿌리며 가꾸었던 노력이 꽃을 피울 수 있게 도와주어야 합니다. 고등학교 공부는 그야말로 전쟁입니다. 모든 평가가 지금까지와는 다른 상대 평가로 이루어지기 때문에 상위권 안에 들어야 아이가 꿈꾸었던 진로에 다다를 수 있습니다. 초등학교와 중학교 때 간절하게 바라 온 꿈을 고등학교에서 눈물을 머금고 접는 아이들을 많이 봅니다.

아이들이 초중고 12년 공부의 정직한 결실을 맺고 예쁘고 건강한 스무 살이 되는 그날을 맞이할 수 있도록 '입시 읽어 주는 엄마'가 응원하겠습니다.

부록
Q&A

엄마들이
가장 많이 하는
질문에 대한
서울대 엄마들의
명쾌한 답변

01. 내신 받기 좋은 학교 VS 면학 분위기 좋은 학교, 고교학점제 체제에서는 어떤 학교를 선택하는 것이 좋을까요?

일반고, 특목자사고, 갓반고 등 고등학교는 어디든 장단점이 있어요. 내신 받기 쉬운데 면학 분위기까지 좋은 학교, 내신은 어렵지만 교육 과정이 특별한 학교, 학종에 유리한 학교, 구술 면접에 유리한 학교 등 다양해요. 일반고는 내신 받기 상대적으로 수월하지만 수능 최저 기준과 구술 면접을 뚫기 힘든 게 단점이죠. 반면 특목고나 자사고에서 내신을 잘 받는 건 정말 어려워요. 이렇듯 고등학교 선택은 하나의 장점을 취하면 다른 리스크가 있기 때문에 절대적으로 유리한 학교는 없어요. 그 사실을 파악하고 시작하는 것이 현명합니다.

일반고를 택했는데 면학 분위기가 좋지 않다면 내신을 쉽게 받을 수 있다는 장점은 취하되 아이가 흔들리지 않도록 동기를 부여할 여러 전략이나 방안을 세워야 해요. 특목자사고는 수행 평가나 논·서술형 문항이 대단히 어려우니 단단히 준비해야 합니다. 학교의 입시 성과만 보지 말고 기출문제의 유형과 난이도도 보시고 아이의 역량에 맞게 판단하시는 게 가장 좋은 선택이라고 생각해요.

02 고교학점제에서는 학종으로 대학에 갈 수밖에 없잖아요.
학종 대비를 잘해 준다는 외고, 국제고가 정말 유리할까요?

외고나 국제고는 학종에 완전히 최적화한 교육 과정을 갖췄다고 할 수 있어요. 전공 적합성은 학종에서 가장 중요하게 보는 평가 요소인데, 외고나 국제고의 전문 교과목 같은 요소는 대학에서 좋아할 수밖에 없겠죠. 비교과 역시 전문성과 디테일이 남다릅니다. 이런 것들을 종합해 볼 때 외고, 국제고가 학종에 유리한 것은 사실이에요.

그러나 여기에는 몇 가지 전제가 있어요. 일단 아이의 영어 실력이 탁월해야 해요. 그냥 중학교 내신 A등급 수준을 말하는 게 아니라, 토플 성적이 최소 90~100점은 되어야 하는 거죠. 외고를 가는 것 자체가 목적이라면 모르겠지만 대학 입시를 생각하면 외고, 국제고를 무리 없이 다닐 수 있는 실력인지를 점검해야 해요. 그리고 외고, 국제고는 기본적으로 인문 계열 중심 학교입니다. 입시 문이 좁은 거죠. 마지막으로 외고, 국제고 학생의 장점은 영어일 텐데 수능 영어는 절대 평가다 보니 예전에 비해 변별력이 떨어져요. 이전보다 장점이 줄어든 거죠. 이러한 상황과 아이의 실력을 점검해서서 판단하시면 됩니다.

03 2028년 입시부터는 정말 수능만으로 대학가는 건 어려워졌다고 봐야 할까요?

고교학점제 체제로 공부한 학생들의 첫 대학 입시가 2028년 입시죠? 요점만 말씀드리면 인서울 대학은 수능만으로 선발하지는 않을 것으로 예상해요. 수능 과목에서 문·이과의 구분이 없어지고 기존의 문과 수능으로 범위가 축소되었죠. 특히 과학 같은 경우, 기존 입시에서는 학과별로 필수 응시 과목을 지정하기도 했는데 그마저도 불가능해졌기 때문에 고1 때 배운 통합 과학 성적만으로 학생의 학업 역량을 판단해야 해요. 하지만 통합 과학을 만점 받았다는 이유만으로 서울대 공대에서 그 학생을 선발하려 할까요? 당연히 학생부에서 교과 이수 상황을 들여다볼 거예요. 또 구술 면접을 통해서 학업 역량을 평가하려고 하겠죠. 서울대는 이미 100% 수능 전형은 없다고 발표한 상태고, 다른 대학들도 동참하고 있는 상황이에요.

다만 모든 대학에서 수능 100% 전형이 없어지는 것은 아닐 거예요. 어떤 대학에서는 수능만으로 선발하는 전형도 분명히 있을 겁니다. 하지만 학생들의 선호가 큰 상위권 대학에서는 그럴 필요가 없겠죠.

04 초등 자녀를 둔 엄마는 대부분 '어차피 입시 제도는 또 바뀐다'라는 생각을 하거든요. 선배 엄마로서 혼란스러운 초등 엄마에게 조언해 주실 수 있을까요?

사실 그 말이 맞아요. 엄마 입장에서는 제도가 너무 자주 바뀌니 혼란스럽고 불안하죠. 아는 만큼 보인다고도 하지만 초등 엄마가 정보를 과하게 수집하면 불안감만 높아질 수 있어요. 그 때는 큰 흐름과 방향만 잡고 있어도 충분합니다. 아직 준비할 시간이 많고 시행착오도 겪을 수 있다는 마음을 갖는 게 좋아요. 초등학교 때 과도하게 선행하는 아이들이 끝까지 잘하는 경우가 생각보다 적거든요.

입시를 오랫동안 지켜본 결과 아무리 제도가 바뀌어도 대학은 늘 '공부 잘하는 학생'을 뽑고 싶어 해요. 다만 평가 방법이나 전형 요소를 다양화하는 등 선발 방법이 달라지는 것은 확실해요. 고교학점제 시행 이후 내신에서 논·서술형 문항을 확대하고 수행 평가의 비중도 높인다고 합니다. 대학은 면접을 강화한다고 예고하죠. 결과적으로 전 과목에서 독해력과 논리적 발표 능력이 더욱 중요해질 거예요. 초등 부모라면 이런 역량을 키우는 데 초점을 맞추라고 말씀드리고 싶어요.

05 고등학교 진학 전에 국영수 과목별 학습 역량을 어떻게 확인하는 게 좋을까요?

이제 많은 학부모가 대학을 결정하는 건 중학교 공부라는 걸 알고 계세요. 그러나 중학교는 절대 평가라서 아이의 수준을 정확하게 파악하기 힘들어요. 또 지역별로 학력의 차이가 분명히 존재하지만 현실적으로 그것까지 반영해서 판단하기는 쉽지 않죠. 이러니 고등학교 가서 성적이 새롭게 재편되는 경험을 하게 돼요.

그런 성적 충격을 피하려고 다들 고1 과정을 선행하는데, 여기서 주의해야 할 게 '진도 상황에 매몰되지 않기'예요. 고등학교 입학을 앞두고 긴장감이 높아지는 시기에는 묘한 경쟁심 같은 게 생기는데, 아이들끼리도 "너 진도 어디까지 나갔어?"라고 비교하면서 진도가 뒤처진다고 생각하면 불안해해요.

하지만 진도보다 중요한 건 성취도죠. 아이가 선행 학습에서 어느 정도 성취 수준을 보이는지 반드시 확인해야 해요. 가장 흔한 방법은 학습한 과정의 모의고사를 보는 거예요. 적어도 3등급 안에는 들어야 하고, 경쟁이 센 학교에 진학한다면 1등급은 받아야 해요. 진학 예정인 고등학교의 내신 기출문제 3년치 정도를 푸는 것도 추천해요.

06 고교학점제에서는 진로에 부합하는 과목을 선택하는 게 중요하다는데, 이 과목이 진로에 부합하는지 아닌지 어떻게 구분해야 할까요?

고교학점제를 한마디로 요약하면 학생의 진로와 일치하는 교육 과정을 설계하고 이수하는 거예요. 고등학교 1학년은 공통 과정이지만 2학년부터 이수할 과목은 1학년 1학기에 선택합니다. 즉 중학교 때 진로를 큰 틀에서 설정하고 그를 위해 반드시 이수해야 할 과목이 무엇인지 고등학교 입학 전에 미리 파악해야 한다는 거예요. 고등학교 진학 후에 진로를 설정하고 연계 과목을 이수하려고 하면 남들보다 늦을 수밖에 없어요.

대학에서 보는 전공 적합성과 학업 역량의 핵심은 권장 필수 과목 이수 여부와 과목 성적의 우수성입니다. 즉 전공 관련 과목의 성적이 압도적이어야 좋은 평가를 받을 수 있다는 거죠. 미리 플랜을 세워 둔 아이들은 늦어도 중학교 3학년 때 집중적으로 선행 학습을 하기 때문에 플랜 없는 아이들은 뒤처지죠.

우선 교육부에서 배포한 2022 개정 교육 과정을 살피고 진학할 학교 홈페이지나 알리미에서 교육 과정 편제를 보며 비교하세요. 아이가 이수해야 할 과목이 언제 개설되는지 살펴보세요. 고교학점제 안내 홈페이지에서 계열별 과목 선택 예시를 참고해도 좋아요.

07. 현실적으로 학군지에 진입하기 어려운데 지방 비학군지에서 대학 잘 가는 전략은 무엇일까요?

지방 비학군지도 전략만 잘 짜면 학군지보다 입시에 유리할 수 있어요. 입시가 과거와 달리 학력을 기준으로 전국 학생을 줄 세우는 게 아니라 학생 개인의 이야기를 중요하게 보기 때문이죠. 만약 지방 비학군지가 단점만 있다고 하면 무리를 해서라도 학군지로 들어오는 것이 유리할 거예요. 그러나 약점이 있으면 강점도 있는 것이 현재의 입시입니다. 비학군지 일반고는 내신을 비교적 쉽게 받을 수 있다는 절대적 강점이 있어요. 하지만 내신 성적에 너무 취하지 말고 모의고사 성적도 관리해야 해요. 많은 학생이 내신에만 매몰되어 있다가 원서를 쓰면서 수능 최저 기준의 중요성을 깨닫곤 하거든요.

대학은 다양한 학생을 고르게 선발하기 위해 그에 맞는 다양한 전형을 운영합니다. 거기 지원하는 학생이라면 내신 성적이 비슷할 거예요. 당연히 경쟁이 치열하죠. 내 아이뿐 아니라 그 전형으로 지원한 학생은 다 비슷한 성적이라고 봐야 합니다. 여기서 수능 최저 기준만 충족해도 차별화가 될 거예요.

08 생기부는 열심히 만들었는데 내신 성적이 안 좋은 경우에는 어떻게 해야 할까요?

생기부는 좋은데 내신 성적이 낮은 학생과 내신 성적은 높은데 생기부는 부실한 학생이 있다면 대학은 어떤 학생을 선발할까요? 학교 유형에 따라 달라요. 앞서 살펴본 것처럼 특목자사고와 일반고는 비교과 활동, 내신의 차이가 큽니다. 그래서 대학이 일반고 학생을 위한 트랙, 특목자사고 학생을 위한 트랙을 분리해서 선발하는 경우가 많죠.

그런데 목표 대학의 요구 수준에 비해 내신이나 생기부가 애매하면 어떡할까요? 목표를 많이 낮추어 학종으로 상향, 적정, 하향 3개를 더 써서 총 6장을 쓰거나, 논술 전형을 준비하는 게 현재의 입시 제도에서 고려할 만한 몇 안 되는 방법입니다. 물론 정시를 노릴 수도 있지만 수시로 한정하자면 그렇습니다. 그나마도 수학이나 작문에 탁월하지 않으면 고3 때 논술 전형을 준비해서 합격하는 건 쉬운 일이 아니죠. 최소 1년 전부터 논술 공부를 준비하는 걸 추천해요.

09 | 2028 입시는 수능도 내신도 변별력이 낮아진다는데, 그러면 수능과 내신의 영향력은 어떻게 되는 건가요?

수능과 내신의 변별력이 낮아질 거라고 하는 의견이 많지만 단순히 볼 문제는 아니에요. 통합 수능 난이도는 이전보다 쉬울 수 있으나, 내신은 5등급제로 바뀌었기에 쉬워졌다고 보기 어렵죠. 공통, 일반 선택, 진로 선택, 융합 선택 과목 모두 상대 평가를 하게 되었거든요. 9등급제에서는 공통, 일반 선택만 상대 평가였고 진로 선택은 3단계 절대 평가였어요. 비율도 따로 표기하지 않았죠. 그러다 보니 진로 선택은 쉽게 출제하고 웬만하면 A등급을 주려 했어요. 그러나 5등급제는 석차 등급과 성취도율을 함께 표기하기에 학교는 문제를 쉽게 낼 수 없게 됐어요. 변별력을 높일 필요가 있으니까요. 따라서 내신의 변별력이 낮아졌다고만 보기는 어려워요. 최근 고교학점제 적용 학생의 1학년 1학기 내신 평가가 발표되었는데 전과목 1등급인 학생 비율이 2%라고 해요. 그것만 봐도 마냥 쉬워졌다거나 변별력이 없다고 할 순 없겠죠.

10 생기부의 중요성이 커지고 나서 엄마들 사이에선 '선생님을 잘 만나야 한다'라는 이야기가 돌아요. 생기부를 잘 만드는 요령이 있을까요?

대학 입시에서 생기부의 비중은 점점 확대되어 왔어요. 고교학점제는 특성상 학종으로 학생을 선발하는 구조라 앞으로 더욱 중요해질 것으로 보여요. 생기부는 대학에 제출하는 유일한 서류이고, 어떤 내용이 적히는지에 따라 진로나 대학이 달라질 수 있어요. 그래서 학생들은 학교 활동이 누락되지 않고 기록되도록 신경 써야 해요.

학부모들은 선생님에 따라 기록이 달라질까 걱정하고 특목자사고에 비해 일반고는 생기부 관리에 소홀하다고 하는데 아주 틀린 말은 아니지만 전적으로 맞는 말도 아니에요. 솔직히 결국 '케이스 바이 케이스'예요. 그러나 대체로 학생의 성실성, 열정, 학업 성적은 그대로 반영돼요. 더 중요한 건 아이의 노력이죠. 수업에 열정을 보이고 창의적으로 문제를 해결하며 인성도 뛰어난 학생은 선생님이 잘 써 줄 수밖에 없어요. 잘 써 줄 선생님을 찾기보다 어떤 선생님을 만나도 생기부가 잘 적힐 수밖에 없는 실력을 길러야 합니다.

> **11** 입시에서 국영수의 중요성이 크잖아요. 수학 공부를 위해 영어 공부를 미리 빠르게 끝내야 한다는 분위기도 있다는데 정말 그런지 궁금합니다.

결국 대학은 국영수 성적으로 간다는 걸 입시를 알게 될수록 더 공감하게 되는 것 같아요. 그렇기 때문에 세 과목 공부를 빨리빨리 더 많이 해야 안심이 되기는 하죠. 처음부터 세 과목을 다 잘할 수 있으면 좋겠지만 셋 중 최소 한 과목 혹은 두 과목은 고등학교 때 비교적 시간을 덜 써도 등급이 나올 수 있게 만들어 놔야 해요. 아이의 성향과 역량에 따라서 이른바 '기둥 과목'을 만들어야 한다는 의미죠.

국영수 성적이 애매한 상황에서 고등학교에 들어가면 불안한 과목이 다른 과목 성적까지 끌어내리는 상황이 벌어질 수 있어요. 수학에 집중하다 보면 국어가 떨어지고 국어에 집중하느라 영어 시험 범위를 끝내지 못하는 상황은 고등학생들에게는 흔하게 일어나는 일이에요. 결론적으로 고등학교에 올라가서 시간을 집중적으로 써야 할 과목과 그렇지 않아도 되는 과목이 무엇인지 파악하고 전략을 세울 필요가 있는 거죠.

> **12** 비교과나 수능에만 집중하다 정작 내신을 놓치기도 하는 것 같은데 내신 대비는 언제부터, 어떻게 하면 될까요?

고등학교에서는 기본적으로 모든 시간을 시험 기간이라고 생각하고 공부해야 해요. 최상위권과 중하위권의 차이가 바로 이것이라고 할 수 있죠. 내신은 특정 기간에 배운 내용을 시험으로 내기 때문에 시험 범위를 공지하지 않아도 수업을 들으며 대략 알 수 있어요. 따라서 오늘 배운 내용은 오늘 정리한다는 생각으로 공부하는 것이 중요해요.

본격적인 시험 대비는 최소 4~5주 전부터 과목별 학습 플랜을 짜고 체계적으로 실천해야 해요. 국영수 같은 주요 과목을 먼저 잡고 암기 과목은 시험이 임박했을 때 벼락치기 하지 않으려면 미리 조금씩 해 두어야 실제 시험 기간에 시간을 더 확보할 수 있어요.

그날 배운 내용은 단권화해서 노트로 정리하고 등하굣길에 보거나 녹음해서 듣고, 집 곳곳에 붙여 놓는 식으로 생활 속에서 반복 노출해 보세요. 이렇게 하면 시험 직전에 플랜에 맞춰 공부할 때 훨씬 수월해져요.

13 의대가 목표인 아이, 초등 의대반에 가는 게 도움이 될까요? 그리고 의대생의 수학 공부법이 궁금합니다.

우선 의대가 목표라면 수학과 과학뿐 아니라 전 과목에서 1등급을 유지해야 해요. 또 의대는 수능 최저 기준이 높기 때문에 내신뿐 아니라 수능에서도 안정적으로 1등급을 받아야 하죠. 그러나 초등 의대반이 운영되는 이유는 결국 수학에서 확실히 우위를 점하기 위한 거예요.

하지만 의대를 목표로 한다고 해서 반드시 초등부터 의대반에 들어가야 하는 것은 아니에요. 꼭 의대반이 아니더라도 수학 공부에 시간을 많이 쓴 아이가 수학을 잘할 가능성이 확실히 높죠. 그리고 입시를 생각하면 초중등보다는 고등 때 성적이 잘 나오는 것이 더 중요해요.

단순히 진도만 빨리 나간 아이보다 많이 생각한 아이의 성적이 더 좋을 수밖에 없지 않을까요? 초등학교 때는 문제의 양이나 속도에 집착하기보다, 한 문제를 두고 다양한 각도로 생각하며 풀이 방법을 고안해 보는 경험이 훨씬 중요해요. 이런 경험이 쌓인 아이는 중고등학교에서 진도와 속도를 스스로 끌어올릴 수 있어요.

> **14** 중학교 과정에서 국영수 학습 외에 꼭 하고 넘어가야 하는 것이 있을까요?

중학교 때 해야 할 가장 중요한 과제는 진로 탐색, 설정이에요. 고교학점제는 진로 기반 교육 과정이기 때문에 고등학교 진학 후 어떤 공부를 해서 대학에서 무엇을 전공할 것인지 중학교 때 미리 설계해 두어야 해요. 진로에 대한 구체적인 탐색과 대학 학과 공부 그리고 직업 생활에 이르기까지의 전반적인 과정을 그려 보는 것이 반드시 필요합니다. 특목자사고 지원자들이 작성하는 자기소개서 양식을 보면 자기 주도 학습 경험, 고등학교 입학 후 학업 계획, 고등학교 졸업 후 진로 계획을 묻고 있어요. 진로가 뚜렷하고 진로 성숙도가 높은 학생이라면 고등학교에 진학하기 전에 어떤 공부를 해서 어떻게 살 것인지 구체적으로 고민해 보고 진로를 설정했으리라는 거죠.

또 하나 덧붙이자면 중학교 때 아이가 대학에 진학하는 해의 입시 제도와 전형을 공부하는 걸 추천해요. 기본적인 입시 이해가 있어야 고등학교 선택도 제대로 할 수 있어요.

15. 생기부에서 가장 중요하다는 세특, 정확히 어떤 것이고 어떤 내용이 들어가나요?

생기부는 크게 교과 영역과 비교과 영역으로 나누어져요. 비교과 영역은 생기부에 '창의적 체험 활동'으로 표기되고 세부적으로는 자율 활동, 진로 활동, 동아리 활동, 봉사 활동이 있어요. 각 활동은 1년에 500자~700자 정도 기록됩니다. 교과 영역에는 그 학기에 학생이 이수한 과목이 표기됩니다. 과목 세부 능력 및 특기 사항, 줄여서 세특은 각 과목 담당 선생님이 한 학기동안 수업 시간에 학생을 관찰한 기록으로 과목별로 500자씩 기재됩니다. 세특이 중요한 이유는 학종이 정성 평가이기 때문이에요.

전공 학과의 권장 필수 과목을 이수했는지 그리고 과목의 성적은 어떠한지, 수업 태도는 어땠는지, 문제 해결 경험으로는 무엇이 있는지 등이 전공 적합성을 평가하는 데 가장 중요한 요소라서 그래요. 또한 세특은 담임 선생님이나 동아리 선생님이 적어 주시는 비교과 활동과 달리 전 과목 선생님이 각자 적는 내용이기 때문에 학생을 보다 객관적으로 평가할 수 있다는 점에서 신뢰도가 높아요.

16 아이가 밤늦게까지 휴대폰 보느라 아침에 일어나기 힘들어합니다. 공부에도 방해되고요. 휴대폰 관리 특효약 없을까요?

본문에도 적었지만 휴대폰 때문에 학습에 방해를 받는 아이들이 정말 많습니다. 휴대폰 사용 문제 때문에 엄마와 갈등을 빚는 아이도 많은데, 그때 엄마가 강제로 휴대폰을 뺏거나 무작정 사용을 제한하는 것은 역효과가 더 크더라고요. 휴대폰을 아예 못 하게 막는 건 불가능해요. 학교 과제나 팀 프로젝트, 학급 공지도 메신저로 공지되는 마당이니까요. 이렇게 휴대폰이 필수적인 물건이 된 만큼 분별 있게 사용하려는 아이의 의지를 길러 주는 게 중요해요. 저는 아이와 논의한 끝에 기존 휴대폰을 전화나 문자만 가능한 '공신폰'으로 교체하고 집에 있는 태블릿에 메신저 앱을 설치했습니다.

그런데 요즘에는 SNS나 숏폼 콘텐츠에 시간을 뺏기는 경우가 더 많죠. 아이들도 문제라고 생각하면서 스스로 제어가 잘 안되는 것 같아요. 그럴 때는 결국 물리적으로 거리를 두는 수밖에 없습니다. 무엇보다 이 모든 과정을 아이와 합의하여 진행하는 게 중요하죠. 만약 이런 방법이 통하지 않을 정도로 중독이 심하다면 그때는 전문가와 상담하는 게 좋아요.

대치동에서도 절대 알려 주지 않는
대한민국 최상위 입시 절대 공식
서울대 엄마들의 비밀 입시 토크

초판 1쇄 발행 2025년 12월 10일

지은이 입시 읽어 주는 엄마
펴낸이 민혜영
펴낸곳 카시오페아
주소 서울특별시 마포구 월드컵로14길 56, 3~5층
전화 02-303-5580 | **팩스** 02-2179-8768
홈페이지 www.cassiopeiabook.com | **전자우편** editor@cassiopeiabook.com
출판등록 2012년 12월 27일 제2014-000277호

ⓒ 입시 읽어 주는 엄마, 2025
ISBN 979-11-6827-360-3 03370

이 책은 저작권법에 따라 보호받는 저작물이므로 무단 전재와 무단 복제를 금지하며, 이 책의 전부 또는 일부를 이용하려면 반드시 저작권자와 (주)카시오페아 출판사의 서면 동의를 받아야 합니다.

• 잘못된 책은 구입하신 곳에서 바꿔 드립니다.
• 책값은 뒤표지에 있습니다.